Kleine Wasserwelten
für drinnen & draußen

Bassermann
Inspiration

Inhalt

Kleine Wasserwelten – was genau soll man sich denn darunter vorstellen, bitteschön?

Zuerst einmal geht es natürlich um das Thema Wassergarten: Die Kombination von Wasser, Pflanzen, Steinen und dem einen oder anderen Accessoire. Klein soll er sein, der Wassergarten, geeignet für jede Gartennische, für den Balkon oder sogar als Tischschmuck. Ein Kapitel zur Pflege darf nicht fehlen.

Doch eigentlich müssten wir Ihnen die Frage anders stellen: Was wollen Sie sich denn unter einer kleinen Wasserwelt vorstellen? Denn das ist der Kernpunkt dieses Buchs: Es will Ihnen Inspiration sein, Ihnen dabei helfen, Ihre Wassergarten-Wünsche zu erkennen, sie zu entwickeln und den Respekt vor der Umsetzung zu verlieren. Es gibt Ihnen vielerlei Anleitung und Hilfsmittel mit auf den Weg, Ihre persönliche kleine wunderbare Wasserwelt zu realisieren. Wagen Sie es, es ist ganz einfach!

Fass oder Kübel?

Oder eine alte Zinngießkanne aus Großmutters Schuppen? Ein Blumenbottich mit einem Loch oder eine Plastikwanne zum Betonanmischen – aus all diesen Behältern und vielen, vielen mehr lässt sich eine Wasserwelt zaubern.

Womit also anfangen? Zwei Stichworte: Wirkung und Nutzen. Unter Wirkung verstehen wir den optischen oder akustischen Reiz, den die Wasserwelt bewirken soll. Ein munteres Plätschern nahe Ihrem Lieblingssitzplatz oder Vogelgezwitscher auf dem Balkon wären Wirkungen. Auch das Herausputzen einer bisher zu kurz gekommenen Nische im Garten.

Soll Ihre Wasserwelt nur schön sein, oder einen echten Nutzwert haben? Wollen Sie Kräuter ernten, sollen die Kinder einen Spielplatz für Puppen-Abenteuer bekommen? Wollen Sie ein kleines Biotop schaffen, das Vögel oder Igel anlockt? Kombinieren Sie Wirkung und Nutzen zu Ihrem persönlichen Projekt.

Natürlich können Sie auch einfach loslegen, im Schuppen nach einem wie auch immer gearteten Behälter suchen und Ihrer Fantasie freien Lauf lassen.

Was Sie aber immer brauchen, ist der richtige Platz für Ihre Wasserwelt. Zum einen wegen der Lichtverhältnisse. Seerosen beispielsweise blühen am schönsten in der prallen Sonne, andere Wasserpflanzen mögen es eher am schattigen Ufer.

Zum anderen aber sollten Sie sich auch ein paar Gedanken zur Sicherheit machen: Ein großer Hund kann beim Toben recht umwerfend sein, und wer will schon das Wasser, das eigentlich in den Zimmerbrunnen gehört, auf dem neuen Parkett. Ein Tisch oder ein Gestell muss stabil genug sein, um darauf zu bauen – ein mit Wasser gefülltes Bassin hat sein Gewicht.

Und nicht zuletzt: Wasser zieht Kinder magisch an. Eine Regentonne oder ein kleiner Teich ist außer Sichtweite der Straße oder hinter einem Zaun besser aufgehoben als im Vorgarten.

Pflege

Die kleinen Wasserwelten sind Miniaturlandschaften, und so sehr Sie sich auch bemühen werden, es wird sich auf Dauer kein natürliches ökologisches Gleichgewicht einstellen, dafür sind in unseren Breiten die Temperaturschwankungen zu groß und die Wassermengen der Welten zu klein. Sie werden also immer ein wenig nachhelfen müssen. Doch keine Sorge, die Pflege einer Wasserwelt ist nicht sehr zeitintensiv.

Die richtige Erde:

Um ein gesundes Pflanzenwachstum zu erreichen, muss die Pflanze mit Nährstoffen versorgt werden. Oft haben Sie wenig Platz im Bassin für den Pflanzkorb, so dass die Wurzel mit wenig Substrat auskommen muss. Außerdem sollen die Nährstoffe keinesfalls aus der Erde ausgewaschen werden. Wenn Sie im Wasser landen, dann profitieren davon nur die Algen. Um es kurz zu machen: Sie kommen nicht um spezielle Wasserpflanzenerde herum. Diese ist zwar sündhaft teuer, aber Sie benötigen nur wenig davon, und sie sollte es Ihnen wert sein.

Der korrekte Wasserstand:

Durch Verdunstung kann eine größere Menge Wasser verloren gehen, als man gemeinhin denkt. Vor allem heiße Sommertage in Verbindung mit großen, dunklen Steinen und sanft fließendem

Wasser sorgen hier für Überraschungen. Dabei muss für Ihre Wasserpflanzen ein gewisser Mindestwasserstand eingehalten werden, und jede Pumpe muss ausreichend von Wasser bedeckt sein. Kontrollieren Sie jedenfalls zu Anfang täglich, füllen Sie regelmäßig bis zum Höchststand Wasser nach.

Pflege der Pflanzen:

Verwelkte Blätter und Blüten sinken ab und vergammeln im Wasser, geben Nährstoffe ab und begünstigen das Algenwachstum. Entfernen Sie sie nach Möglichkeit, bevor sie absinken.

Überwinterung

Die Außenprojekte sollten im Winter abgebaut werden, da sonst die Gefahr besteht, dass sie durch Frost beschädigt werden. Die kleineren Projekte können Sie natürlich im Ganzen im Haus, zum Beispiel im Keller, überwintern.

Für Uferpflanzen und Zwergseerosen wird es in den meisten Fällen ausreichen, das Wasser zu entfernen und die Pflanzen im feuchten Substrat frostfrei zu überwintern. Sie werden im nächsten Frühjahr umgetopft und wieder in die Freiheit entlassen.

Algen, Sauberkeit, Fische

Der größte Feind Ihrer Wasserwelt sind Algen. Diese kommen in nahezu jedem Gewässer vor, ernähren sich von Nährstoffen im Wasser und von der Sonne. Vorbeugung ist hier die halbe Miete: Sorgen Sie für ein nährstoffarmes Wasser, zum Beispiel, indem Sie die Ausschwemmung von Erde verhindern, und wählen Sie einen Standort nicht in der prallen Sonne. Schwimmpflanzen mit großen Blättern sorgen für Schatten und dafür, dass der Teich sich nicht so schnell aufwärmt.

Dennoch: In unseren kleinen Gefäßen mit der geringen Wassermenge wird der eine oder andere von Ihnen es mit Algen zu tun bekommen. Da hilft dann nur herausfischen und, wenn dies nicht möglich ist, öfters das Wasser wechseln und währenddessen die Algenreste von den Pflanzen putzen. Oder aber Sie greifen zur Chemie: Es gibt vielerlei hochwirksame Mittel gegen nahezu jede Algenart – der Fachhandel wird Ihnen hier gerne helfen.

Sauberkeit und Pflege

Die Pflege einer Wasserwelt beschränkt sich eigentlich darauf, alte Triebe und Blüten zu entfernen, gelegentlich einen Wasserwechsel zu machen und – bei Schalen oder Vasen – diese alle paar Wochen neu aufzubauen und derweil die Gefäße zu säubern. Insgesamt ist es ein überschaubarer Aufwand.

Fische

Auch wenn Sie Tiere lieben – oder gerade wenn Sie das tun:
Setzen Sie bitte keine Fische in die Wasserwelten. Die Behälter
sind zu klein und heizen sich zu leicht auf, um einem Fisch eine
artgerechte Umgebung zu bieten. Sie müssen über den Winter
abgebaut oder geleert werden, sie würden ansonsten durchfrie-
ren. Ihre Fische müssten also zeitweise auch noch auswandern.
Zudem verschmutzen Fische mit ihren Ausscheidungen das Wasser und reichern es mit Nährstoffen für Algen an.

Wenn Sie Fische im Garten halten wollen, sollten Sie einen großen Gartenteich planen und umsetzen. Die Tiere werden es Ihnen danken.

11

Kleine Projekte für draußen

Leise plätschert es „Willkommen"

Unaufdringlich, doch präsent: Der kleine Brunnen direkt neben der Haustüre. Das leise Plätschern des Wassers verheißt Leben in diesem Haus und verhilft einem statischen Eingangsbereich zu sanfter Dynamik. Der Behälter aus modernem Glasfaserkunststoff verbindet – er wurde farblich passend zu den kantigen Natursteinplatten des Eingangs aus Granit und gebrochenem Marmor gewählt.

Hoch wachsen die Sumpfgräser aus einem hohlen Stück Rinde, das Wasser plätschert in weichem Strahl von den zarten Rundungen des orangefarbenen Steins und die Sonne spielt mit den Wellen. Ein leises und herzliches Willkommen.

Hier wurde verwendet:

Ein quadratischer Pflanzkübel aus Glasfaserkunststoff, 40 x 40 x 20 cm

Ein Stück Teichfolie, ca 90 x 90 cm, ½ mm stark

4 Bambusstäbe zum Verklemmen der Teichfolie, ca 39,5 cm lang (etwa so lang wie das Innenmaß des Behälters)

Eine 5-Watt-Pumpe für den Außenbedarf

Etwa 20 cm Schlauch, passend zur Pumpe

Ein hohles Stück Rinde aus dem Terrarien-Bedarf

Einige Steine

Ein Zyperngras

Ein Sumpf-Blutauge

So wird's gemacht:

1. Die Folie in den Behälter legen (Tipps dazu finden Sie auf Seite 131), Wasser einfüllen.

2. Die Folie mit einigen schmalen Bambusstäben in den Behälter klemmen.

3. Die Pumpe mit dem Schlauch verbinden und einen guten Platz für sie finden, z.B. ganz unten in der Korkrinde.

4. Die Korkrinde bepflanzen und ins Becken stellen.

5. Die Steine platzieren, den Wasserstein (wie Sie einen beliebigen Stein zum Wasserstein machen, lesen Sie auf Seite 130) mit dem Schlauch verbinden.

6. Den restlichen Pflanzen einen guten Platz finden.

7. Die Pumpe anschließen.

Arbeitsaufwand bis hierher: Etwa 30 Minuten

8. Herumdekorieren, bis Ihr Brunnen Perfektion erreicht hat, danach den Tag genießen.

Tipp: Kaufen Sie Teichfolie immer sehr großzügig ein, und schneiden Sie sie so spät als möglich zu, am besten erst nach der Befüllung mit Wasser. Durch die Ecken und Kanten eines Behälters und den Falten, in die man die Folie deshalb legen muss benötigt man doch immer ein wenig mehr, als ursprünglich gedacht. Man erleichtert sich das Basteln hier sehr, wenn man ein wenig großzügiger beim Einkauf war und deshalb nicht zu sehr einpassen muss.

Seltenes, sumpfiges Sammelsurium

Duftende feuchte Erde. Rote Beeren zwischen modrigen Wurzeln, aufsteigender Nebel von unergründlich tiefem Wasser. Pflanzen, die man nur hier findet, ein außergewöhnlicher Lebensraum für Garten oder Balkon: Der Sumpf, das Moor im Pflanzkübel. Und damit der Tiefflug von Mücken nicht stört, wurden Fallen für die garstigen Biester aufgestellt – fleischfressende Pflanzen wachen über Ihre Abendruhe. Eingebettet in einen Rahmen aus grauem Sandstein ist das Sumpfbeet ein eleganter und seltener Blickfang.

Hier wurde verwendet:

Ein quadratischer bodenloser Pflanzrahmen aus grauem Sandstein, 70 x 70 x 20 cm

Ein Stück Teichfolie, ca. 120 x 120 cm, ½ mm stark

Sumpf- oder Rhododendrenerde

Eine kleine Schüssel aus Glas, ca. 1 l Inhalt

Ein Ultraschallvernebler

Einige Stücke Schiefer

Eine Schlauchpflanze

Ein Sonnentau

Eine weiße Glockenheide

Eine Besenheide

Ein Preiselbeerstrauch

Eine vermoderte Wurzel (Fundstück aus dem Wald)

So wird's gemacht:

1. Den Pflanzrahmen möglichst waagerecht ausrichten.

2. Die Teichfolie hineinlegen und die Innenseiten des Rahmens damit verkleiden. Das Wasser soll aus diesem Pflanzgefäß nicht abfließen können, sondern sich stauen.

3. Die spezielle Erde einfüllen – die Pflanzen im Sumpfbeet ziehen saure Erde vor, normale Pflanzerden sind nicht geeignet.

4. Graben Sie die Glasschale ein und setzen Sie den Vernebler hinein. Verstecken Sie die Schale geschickt unter einigen Schieferstücken. Füllen Sie die Schale mit Wasser und schalten Sie den Nebel ein.

5. Nässen Sie die Erde gut durch. Schneiden Sie etwaig überstehende Folienreste nun ab.

6. Setzen Sie die Pflanzen und platzieren Sie die Wurzel.

Arbeitsaufwand bis hierher: ca. 45 Minuten.

7. Schauen Sie den fleischfressenden Pflanzen beim Speisen zu.

Das Sumpfbeet zu den Wasserwelten zu zählen mag zuerst erstaunen. Doch warten Sie den ersten Regen ab, wenn sich auf der dunklen Erde Pfützen bilden, da das Wasser nicht abfließt. Oder bewundern Sie den Nebel, wie er bei Windstille die Füße der Pflanzen versteckt. Spätestens jetzt werden Sie zustimmen.

Ein Sumpfbeet benötigt keine besondere Pflege. Es bietet vielen seltenen Pflanzen Lebensraum. Wussten Sie, dass es heimische Sumpforchideen-Arten gibt? Obwohl in der Natur geschützt, kann man in guten Gärtnereien manchmal Zuchtexemplare bekommen. Oder dass einige der Fleischfresser aus unseren Breiten stammen? Den Sonnentau haben wir sogar zum Blühen gebracht, während das Beet den Sommer über unseren Garten verschönerte.

Toskana im Garten

Orange Felsen im Blick. Der Duft von Thymian und Zitrusfrüchten liegt in der Luft, ein kleiner Bachlauf lädt zum Verweilen ein. Die Gedanken werden ruhig, der Geist treibt umher. Kreativzeit. Traumzeit. Urlaubszeit. Die schönsten Wochen im Jahr.

Nehmen Sie Italien mit nach Hause, oder stimmen Sie sich früh schon ein auf die nächste große Fahrt. Holen Sie sich den Süden in die Wohnung, auf den Balkon oder in den Garten. Besser heute noch als morgen.

Hier wurde verwendet:

Ein Keramiktopf, ca. 50 cm hoch
mit einem oberen Durchmesser
von 40 cm

Sand

Ein schwarzer, stabiler Eimer

Etwas Kies

Ein Kumquat-Bäumchen

Pflanzerde

Ca. 20 cm Schlauch, passend zur
Pumpe

Eine 5-Watt-Pumpe für den Außenbedarf

Ein alter Ton-Blumentopf

Einige getrommelte Steine

Kriechrosmarin und Duftthymian

So wird's gemacht:

1. Den Keramiktopf zur Hälfte mit Sand füllen.

2. Den schwarzen Eimer mit Wasser füllen und so platzieren, dass der Eimerrand unterhalb des Topfrandes ist. Etwa 2–3 cm Kies in den Eimer geben und den Eimer ausrichten.

3. Den Zitrusbaum neben den Eimer in den Topf stellen.

4. Mit Pflanzerde den Zwischenraum zwischen Eimer und Topf ausfüllen.

5. Den Schlauch an der Pumpe befestigen, die Pumpe in den Eimer legen.

6. Einen passend großen, alten Ton-Blumentopf umgedreht auf die Pumpe stellen, den Schlauch durch das Wasserloch des Topfes führen.

7. Den Schlauch mit dem Wasserstein (siehe Seite 130) verbinden.

8. Den Wasserstein auf dem umgedrehten Blumentopf platzieren, die anderen Steine so dekorieren, dass sie den Wasserstein stabilisieren.

9. Den Wasserstein bei laufender Pumpe so ausrichten, dass alles laufende Wasser wieder in den Eimer fließt.

10. Die restlichen Pflanzen platzieren.

Arbeitsaufwand bis hierher: ca. 45 Minuten.

11. Von der Sonne Italiens träumen.

Das Schlossgärtchen

Opulente Rundungen und sanfte Schwünge dominieren diesen von Rosen gerahmten Miniatur-Schlossgarten, dessen Zentrum von einer beeindruckenden Rainbow-Wasserkugel beherrscht wird. Eine Hecke aus Buchsbaum grenzt nach hinten ab, vorn lösen fast schwebende Hängepetunien die Linien des großen, ovalen Pflanzgefäßes auf.

Passend zu den vielen Farben der nassen Kugel: Einen Hauch mehr als nur pastellig präsentieren sich die Blüten in einer Harmonie, die auch eine Schlossherrin mit Wohlgefallen erfüllen würde.

Hier wurde verwendet:

Ein wundervolles Pflanzgefäß, oval, etwa 60 cm hoch und 90 cm lang

2 oder 3 Sack Sand

Ein großer, stabiler Eimer (20 l)

Eine ganze Menge Pflanzerde

Eine 5-Watt-Außenpumpe und ein kurzes Stück Schlauch

Ein mittelgroßer Tontopf

Eine Wasserkugel aus Rainbow-Sandstein, 40 cm Durchmesser

Einige Handvoll weißer Marmorkies

Zehn kleine Buchsbäume

Zwei Rosenstöcke

Sechs Mini-Hängepetunien

So wird's gemacht:

1. Den Pflanzbehälter zur Hälfte mit Sand füllen, den Eimer mittig einpassen, so dass der Eimerrand etwas unterhalb des Pflanzgefäß-Randes ist. Der Eimer steht auf dem Sand stabiler, als dies auf Erde der Fall wäre.

2. Den Bottich bis etwa 10 cm unter den Rand mit Erde füllen.

3. Die Pumpe mit dem Schlauch verbinden, den Schlauch durch das Wasserloch des Tontopfes führen und mit der Wasserkugel verbinden.

4. Den Eimer mit einer 2 cm starken Schicht Kies füllen, Pumpe-Tontopf-Wasserkugel vorsichtig in den Eimer setzen (Tipps dazu auf Seite 122). Ausreichend Wasser zugeben, so dass die Pumpe bedeckt ist und einen Probelauf vornehmen. Eventuell die Pumpenleistung nachstellen.

5. Den Eimer mit Kies füllen.

6. Den Pflanzbottich bepflanzen, danach mit Erde bis knapp unter den Eimerrand auffüllen.

7. Mit Kies die Formen verschönern.

Arbeitsaufwand bis hierher: ca. 3 Stunden.

8. Im Schlossgarten von Luftschlössern träumen.

Die Drachengrotte

Unwirklich, schroff, geheimnisvoll. Versteckt hinter einem Vorhang von Wasser, in den Tiefen der grün-kristallenen Grotte, herauftauchend aus den feuchten Nebeln – welch Ungetüm mag dort wohl hausen?

Außergewöhnlicher Blickfang? Spannender Spielplatz für Ihren Nachwuchs? Meditatives Zentrum? Diese Höhle kann alles sein. Und noch viel mehr …

Hier wurde verwendet:

Ein bodenloser Kübel aus 4 cm starkem Gneis (vom Steinmetz)

Ein wenig Sand

Ein kleines Stück Teichfolie, ca. 60 x 60 cm

Eine 5-Watt-Außenpumpe

15 cm zur Pumpe passender Schlauch

Splitt und kleine Felsbrocken glitzernden grünen Steins

Ein LED-Unterwasserlicht

Ein Ultraschall-Vernebler

Ein toter Bonsai

Ein Kriechthymian

Ein Blauschwingelgras

So wird's gemacht:

1. Mit dem Sand den Kübel etwa zur Hälfte füllen, eine Vertiefung modellieren, die genug Wasser für die Pumpe aufnehmen kann.

2. Die Teichfolie hineinlegen, langsam Wasser anfüllen und die Folie an den Rändern des Kübels hochfalten. Die Pumpe im Wasser versenken, den Schlauch herausschauen lassen.

3. Mit etwas Splitt auffüllen und mit den größten der glitzernden Brocken die Grotte modellieren.

5. Den Schlauch so verlegen, dass das Wasser von hinten unten an die Grottendecke spritzt – so entsteht später der Wasserfall-Vorhang.

6. Splitt auffüllen, dabei LED-Unterwasserstrahler und Vernebler so verstecken, dass ihre Effekte sichtbar sind, die Geräte aber nicht.

7. Die Pflanzen mit ihren Töpfen in den Splitt setzen.

   Arbeitsaufwand bis hier hin: ca. 1 Stunde.

9. Mit Ihren Kindern an der Grotte spielen, sich im glitzernden Farbspiel verlieren.

Vogelbad-Felsen

Fröhliches Zwitschern dringt von draußen herein, Sonnenstrahlen spiegeln sich gleichermaßen in farbigem Gefieder, im Quarz der Steine und im Wasser. Fünf, nein, sechs lustige Gesellen haben cas neue Vogelbad entdeckt und gleich in Besitz genommen. Einer scheint zu wachen, auf dem höchsten Punkt der Schieferstele, einer – der schüchterne – versteckt sich im Efeu. Die anderen plantschen und baden, trällern und zwitschern, spielen ausgelassen. Tierische Lebensfreude. Paradiesisch. Vollkommen.

Hier wurde verwendet:

Eine elegante Feuerschale aus Metall auf Füßen

Eine gebohrte Schieferstele, ca. 60 cm hoch mit genug Platz für eine kleine Pumpe in der Basis

Eine 5-Watt-Außenpumpe

Ein kleines Stück Teichfolie ca. 80 x 80 cm

2–3 Efeusorten mit unterschiedlicher Blattfärbung

Ein kleines Gras mit grün-weißen Blättern

Ein wenig Pflanzerde

Splitt und kleine Felsbrocken grünen Steins

So wird's gemacht:

1. Einen guten Platz für das Vogelbad finden – vom Haus aus sichtbar, aber nicht so nah am Menschen, dass die Vögel sich gestört fühlen.

2. Die Feuerschale auf festem Grund möglichst waagerecht ausrichten.

3. Die Pumpe in der Stele platzieren.

4. Die Teichfolie in die Feuerschale legen, ein wenig Wasser eingießen (Tipps zum Anpassen der Teichfolie finden Sie auf Seite 131).

5. Die Stele vorsichtig in die Feuerschale stellen. Sie muss ganz sicher stehen.

6. Die Pflanzen setzen. Dazu die Folie an einer Seite leicht anheben, und ein wenig Erde zwischen Folie und Metall der Feuerschale geben, darauf die Pflanzballen stellen und die Zwischenräume mit Erde füllen.

7. Mit Splitt und Steinen dekorieren, bis Ihnen Ihr Vogelbad gefällt.

Zeitaufwand bis hierhin: ca. 1 Stunde.

8. Am Frohsinn der Vögel teilhaben.

Sinnbild in schlichtem Gewand

Unhörbar und stetig fließt das Nass die schwarze Kugel hinab, versickert im weißen Marmor, bevor es wieder aufsteigt, endlos bewegt. Zurückhaltend in leichtem Grau gehalten, doch umrahmt und gebunden je zur Hälfte von kahlen Zweigen und frischem Grün.

Wechsel der Jahreszeiten? Der Kreislauf des Lebens? Sie dürfen interpretieren. Oder sich an der Kraft laben, die diesem schlichten Gefäß innewohnt.

Hier wurde verwendet:

Ein Keramikgefäß mit einem Durchmesser von 30 cm, von Ästen umrahmt

Ein kleines Stück Teichfolie ca. 80 x 80 cm

Splitt von weißem Marmor

Eine 5-Watt-Außenpumpe

15 cm zur Pumpe passender Schlauch

Ein kleiner, tönerner Blumentopf, in dem die Pumpe verschwindet

Eine anthrazitfarbene Wasserkugel aus Granit, Durchmesser 17 cm

Zwei Miniaturpflanzen, eine aufrecht, eine hängend wachsend

So wird's gemacht:

1. Das Keramikgefäß mit der Teichfolie so auskleiden, dass es dicht ist (wie das geht, lesen Sie auf Seite 131).

2. Eine etwa 2 cm starke Schicht Marmorsplitt auf den Boden des Keramiktopfes geben.

3. Die Pumpe an den Schlauch anschließen und auf die Schicht Splitt stellen.

4. Den Tontopf umgedreht auf die Pumpe stellen, den Schlauch durch das Wasserabflussloch fädeln (Tipps zu dieser Konstruktion finden Sie ab Seite 122).

5. Splitt zugeben, bis eine Höhe erreicht ist, auf der die Wasserkugel stehen soll.

6. Die Kugel an den Schlauch anschließen (mehr dazu auf den Seiten 130 und 131) und vorsichtig auf den umgedrehten Topf stellen.

7. Kies anschütten, bis die Kugel sicher steht.

8. Mit Miniaturpflanzen dekorieren.

   Arbeitsaufwand bis hierhin: ca. 15 Minuten.

9. Kraft tanken.

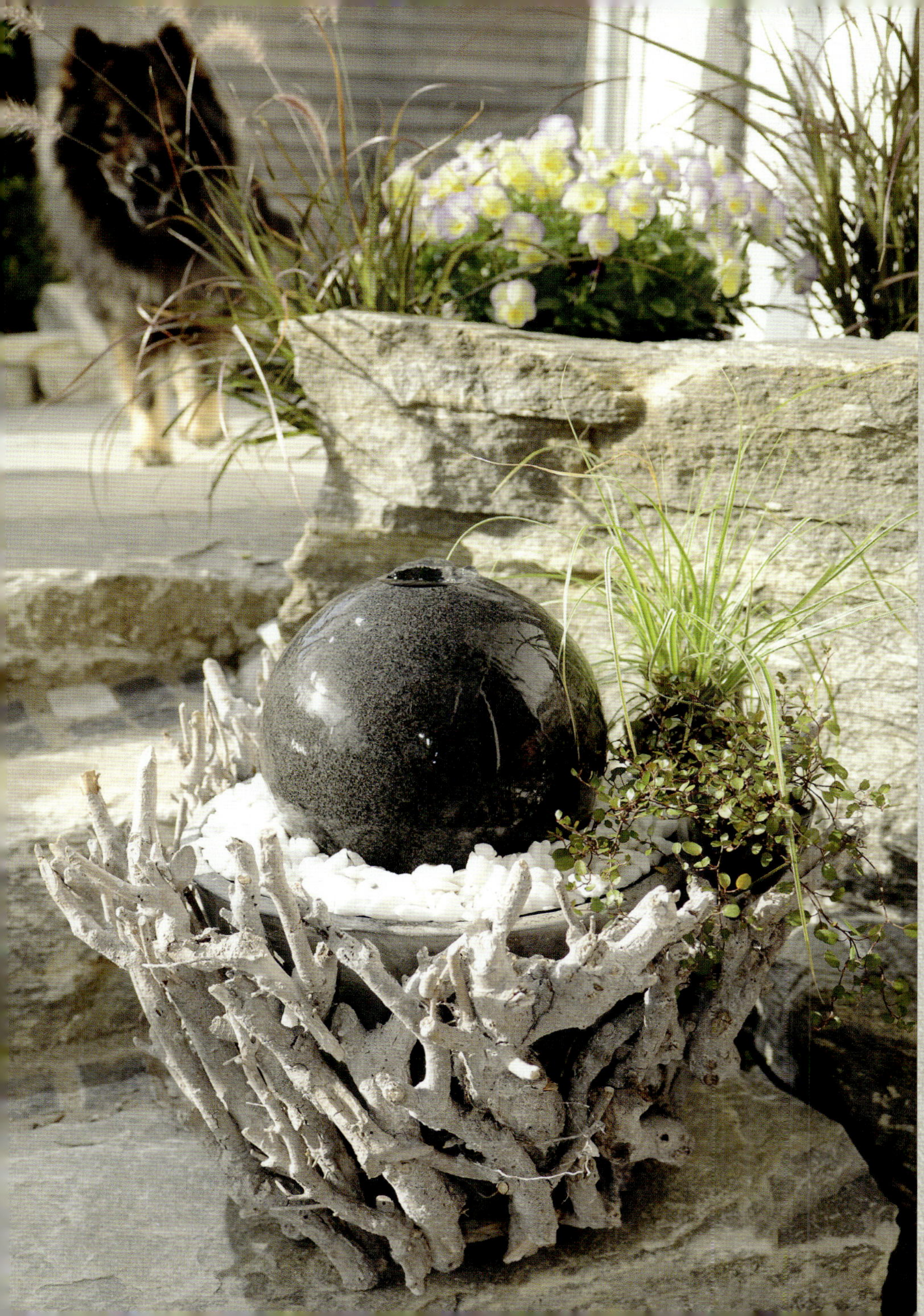
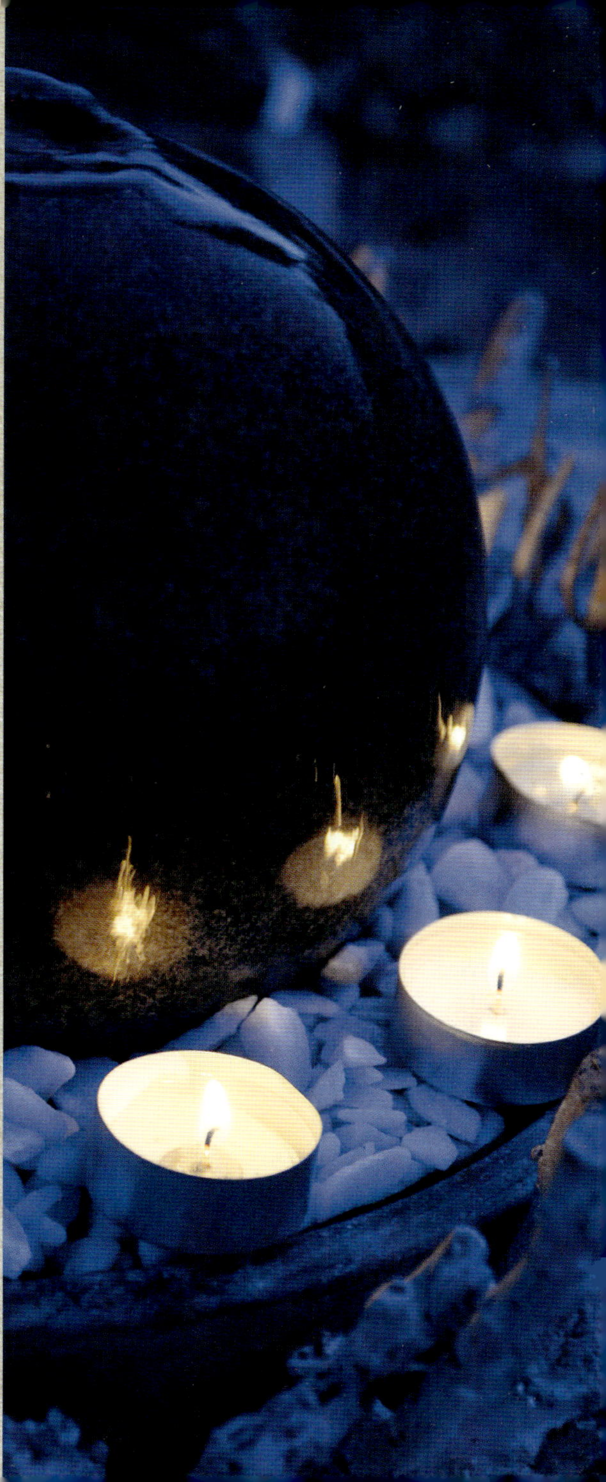

Wohlfühloase mit Mehrwert

Ein heißer Sommertag. Stress im Büro, Ärger mit diesem einen bestimmten Kollegen. Nach Überstunden endlich nach Hause. Die Straßen voll, der Parkplatz vorm Supermarkt auch.

Doch Ihre Frische wartet schon: Ihr Bauerngarten auf dem Balkon. Der Duft der Kräuter begrüßt Sie zu Hause, den knackigen Salat ernten Sie vom eigenen Beet. Im Plätschern der kleinen Wasserläufe finden Sie Ruhe und denken nur einmal noch an den nächsten Tag: In einer Fantasie von teuflisch scharfen Chilischoten, einem unbewachten Becher Kaffee und einer Grimasse im Gesicht eines gewissen Herrn.

Hier wurde verwendet:

Ein bodenloser Pflanzrahmen, 90 x 90 cm aus rotschwarzem Granit

Ein schwarzer Eimer, 15 l Inhalt

Zwei Außenpumpen, jeweils 5 Watt

Zwei Schläuche, jeweils 120 cm lang

Pflanzerde

Zwei Streifen Teichfolie für die Bächlein, 70 cm lang, 20 cm breit

Kies und kleine Steine gleicher Färbung für die Wasserläufe, farblich passend zum Kübel

Verschiedene Kräuter und Salate

Weißer Marmorkies

Schwimmfarn

Kleine Steine, mit Kräuternamen beschriftet

So wird's gemacht:

1. Den Pflanzrahmen möglichst gerade aufstellen.

2. Den Eimer platzieren, auch hier darauf achten, dass er möglichst gerade steht (wie das geht, steht auf den Seiten 118 und 119) und ein wenig tiefer als die Ränder des Kübels.

3. Die Pumpen mit den Schläuchen verbinden, die Pumpen dann in den Eimer legen.

4. Die Schläuche so legen, dass die freien Enden die späteren Quellen für den Flusslauf bilden (die Schläuche möglichst ohne Spannung und auf jeden Fall ungeknickt legen. Am „Quell-Eck" sollten sie möglichst senkrecht von unten kommen).

5. Bis knapp unter den Rand des Eimers mit Erde befüllen.

6. Mit einer guten Schere die Ränder des Eimers einschneiden: Für die beiden Schläuche und für die Wasserläufe.

7. Modellieren Sie nun die Wasserläufe: Zuerst legen Sie mit Erde ein leichtes Gefälle von der Quelle bis zum Wasserfall. Darauf kommt dann die Teichfolie. Sie sollte gewölbt verlegt werden, etwa so wie eine kleine Regenrinne. Modellieren Sie die „Ufer" außerhalb der Folie mit Erde, lehnen Sie von innen die Steine gegen die Folie.

8. Kontrollieren Sie das Gefälle, indem Sie an der Quelle ein Glas Wasser in den Bachlauf geben. Korrigieren Sie den Bachlauf, wenn Sie nicht zufrieden sind.

9. Legen Sie den Kies und die Steine in den Bachlauf.

10. Pflanzen Sie die Kräuter, Salate und was immer Sie frisch ernten wollen in den Rahmen und lassen Sie den Schwimmfarn im Eimer schwimmen.

11. Decken Sie die Erde mit dem weißen Marmorkies ab und platzieren Sie die beschrifteten Steine.

Zeitaufwand bis hierhin: Ein Nachmittag.

12. Hören Sie Ihren Kräutern beim Wachsen zu.

Rosmarin

Große Projekte für draußen

Die „Hier-bin-ich-am-liebsten"-Bank

Sonnenstrahlen tanzen auf den Wasserfällen, wärmen die grauen Platten des edlen Maggia-Gneises. Sanfter Wind durchstreift Kräuter und Gräser, frisch gebrühter Kaffee erfreut duftend die Sinne. Was will man mehr, als an diesem märchenhaften Sonntagmorgen die Welt außen vor zu lassen, mit einem guten Buch vielleicht oder einem lieben Menschen. Wann haben Sie zuletzt einen Brief geschrieben? Auf dieser Bank, an diesem Ort werden Sie die rechten Worte finden. Lassen Sie die Seele baumeln …

Hier wurde verwendet:

Die Teichwanne: ein stabiler Mischkübel aus schwarzem Kunststoff, ca. 70 l Inhalt

Ca. 1 x 1m Teichfolie

Fünf oder sechs verschieden große Platten Maggia-Gneis (3–4 cm stark), insgesamt ca. zwei Quadratmeter

Etwa ein Quadratmeter Rauriser Marmor-Bruchsteine für die Trockenmauer

Ein Wasserfall-Auslass aus Edelstahl, 30 cm breit (sorgt für einen breiten, filmartigen Wasserfall)

Eine 1500-l-Außenpumpe samt 2 m Schlauch

Acht Sträucher Rosmarin

Palmwedelsegge oder Zyperngras

Verschiedene Steingartengewächse

54

So wird's gemacht:

1. Versenken Sie das Bassin an einem geeigneten Ort.

2. Passen Sie den Wasserfallzulauf ein. Dazu wird zuerst die Teichfolie als Unterbau so verlegt, dass wegspritzendes Wasserfallwasser aufgefangen wird und nicht dem Kreislauf verloren geht. Die Folie endet in der Teichwanne, eine kleine, waagerecht liegende Gneisplatte deckt die Folie ab.

3. Zwei aufeinander stehende Marmorblöcke bilden den Sockel für den Wasserfall-Auslass, sie werden von der Folie abgedeckt. Der Auslass wird darauf platziert – möglichst waagerecht. Verbinden Sie ihn mit der Pumpe.

4. Führen Sie einen Pumpen-Testlauf durch. So können Sie erkennen, ob noch irgendwo Wasser verloren geht (dann muss die Teichfolie besser platziert werden) und ob der Wasserfall Ihnen gefällt (wenn nicht, können Sie am Wasserfall-Auslass nachjustieren, indem Sie diesen ganz leicht in beliebige Richtungen neigen und stabilisieren).

5. Um den Rohbau des Wasserfalls bauen Sie eine Trockenmauer (siehe Seite 132). Decken Sie die Mauer oben ab mit den restlichen Platten aus Maggia-Gneis. Achten Sie darauf, dass zwischen den einzelnen Platten keine zu großen Stufen sind.

6. Bepflanzen Sie die Trockenmauer, den Teich und den Teichrand nach Belieben.

Zeitaufwand bis hierher: Etwa 1 Tag.

7. Brühen Sie sich den ersten Kaffee auf.

Glücklicher kleiner Spring-
brunnen

Leise plätschert der kleine Springbrunnen vor sich hin, dezent, fast
schüchtern singt er sein Lied. Ein wenig abseits vom Gartentrubel, im
hinteren Eck, dort, wo das Auge bisher nur ungern verweilte, fängt nun
er den Blick. Gerade einmal 45 cm hoch sind die drei kleinen, aufeinan-
dergestapelten Felschen, aus denen der Wasserstrahl quillt. Er will nicht
klotzen, nicht protzen. Er will nur sein, wo vor ihm Büsche waren. Ein
paar Gräser und ein kleiner Rosenstrauch leisten ihm Gesellschaft.

Hier wurde verwendet:

Eine Gartenbrunnen-Wanne mit passendem Deckel, 50 l Inhalt

Eine 1500-l-Außenpumpe samt ca. 1,5 m Schlauch

Drei zueinander passende kleine, flache Findlinge als Brunnensteine

Eine Palmwedelsegge

kantige Steine aus weißem Marmor

Schwarze, getrommelte Steine aus Basalt.

Verschiedene Gräser für die Ufer-bepflanzung

Ein Rosenstock

So wird's gemacht:

1. Die Brunnenwanne im Boden versenken (Tipps dazu ab Seite 118).

2. Die Pumpe mit dem Schlauch verbinden und in die Wanne stellen.

3. Den Deckel auflegen.

4. Den untersten (größten) Brunnenstein halb auf den Deckel legen mit leichtem Gefälle in die Wanne. Die anderen Brunnensteine aufeinander platzieren, so dass es einen hübschen Turm ergibt. Achten Sie darauf, dass alles stabil steht. Der obere Stein bekommt ein Loch (siehe Seite 130).

5. Den Schlauch mit dem obersten Brunnenstein verbinden, die Wanne mit Wasser füllen und einen Testlauf durchführen. Ausrichtung und Stärke des Wasserstrahls eventuell korrigieren – es soll kein Wasser verloren gehen.

6. Die Palmwedelsegge in einem passenden Topf oder Korb in eines der Löcher im Deckel einhängen, so, dass sie nicht herunterfällt, aber im Wasser steht.

7. Den Brunnendeckel mit den weißen und schwarzen Steinen verbergen, Gräser und Rose pflanzen.

Zeitaufwand bis hierher: Etwa 2 Stunden.

8. Das Lied des glücklichen kleinen Brunnens pfeifen lernen.

Der Klassiker: Seerosen im Fass

Fast an der Straße steht das Fass, nur knapp hinter dem Zaun. Tränke für Bienen sowohl als auch für andere geflügelte Besucher bildet es einen wichtigen und mit seinem dicken, runden Bauch auch gewichtigen Teil des Vorgartens.

Doch nicht nur Seerosen findet man hier: Die hohen, zum Himmel strebenden Gräser lockern auf, gerade weil sie dann und wann vom Winde zerzaust werden. Ein Blickfang für sich: Die Blüten der Seerosen. Vor allem, wenn Sie vom weißen Klassiker Abstand nehmen und sich nach einer der farbenprächtigeren Sorten umschauen.

Hier wurde verwendet:

Ein ¾-Fass

Einige große Quadersteine oder Tontöpfe für die Pflanzpodeste

Ein oder zwei Seerosensorten

Eine Palmwedelsegge

Ein Zyperngras

Ein Herzblatt

Ein Teufelsabbiss

So wird's gemacht:

1. Das Fass gründlich säubern. Sie werden im Handel kaum ein neues Fass bekommen haben, die meisten sind gebraucht und enthielten vorher Weine oder Öle. Am besten schrubben Sie das Fass ausgiebig, befüllen es, und lassen es gefüllt einige Tage stehen. Wenn das Wasser klar bleibt, dürfen Sie es für Ihren Wassergarten benutzen, trübt das Wasser ein, wiederholen das Säubern. Mitunter kann es einige Durchläufe dauern …

2. Orientieren Sie sich über die richtige Wassertiefe für die Ihnen verfügbaren Wasserpflanzen. Eine Seerose, die beispielsweise 30 cm Wassertiefe benötigt, wird Sie bei 60 cm Tiefe nicht erfreuen.

3. Die richtigen Pflanztiefen legen Sie an, indem Sie große Steine oder Tontöpfe (verkehrt herum) in das Fass legen und als kleine Podeste nutzen, auf die Sie die Körbe mit den Wasserpflanzen stellen können.

4. Wenn alle Pflanzen im Fass auf ihren Podesten stehen, lassen Sie vorsichtig das Wasser ein.

Zeitaufwand (ohne Fassputzen): etwa 45 Minuten.

5. Genießen Sie das emsige Treiben an und um diese kleine Oase.

Die versunkene Amphore

Halb im Wasser, umwachsen von Gräsern und Klee, steht eine alte Amphore. In einem Becken, das an eine alte Tränke erinnert, stabil umbaut
von weißen Marmorsteinen. Ein Überbleibsel einer verlorenen Kultur?
Vergessenes Indiz eines geheimen Stelldicheins? Geschichten ließen sich
viele (er-)finden … Jedenfalls ist sie ein Blickfang, diese Tränke mit Ihrer
Amphore, mit südländischen Charme: überraschend und elegant, und
doch natürlich.

Hier wurde verwendet:

Eine Wanne zum Mischen von Beton, ca. 80 x 40 cm

Eine Keramik-Amphore, ca. 60 cm hoch

Mehrere Kiessäckchen (siehe Seite 129) zum schonenden Schrägstellen der Amphore

weißer Marmorkies und getrommelte Marmorsteine

Eine 1500-l-Außenpumpe mit 1,5 m passendem Schlauch

Ein Pflanzkorb

Ein Zyperngras

Eine Palmwedelsegge

Eine Sumpfdotterblume

Ein Herzblatt

Etwa ein Quadratmeter gebrochene Mauersteine aus Rauriser Marmor

So wird's gemacht:

1. Die Wanne aufstellen, mit ein wenig Wasser beschweren.

2. Die Amphore schräg in die Wanne stellen, nach allen Seiten mit den Kiessäckchen stabilisieren.

3. Einige Steine sehr vorsichtig in die Amphore legen, sie helfen später, die Amphore zu stabilisieren.

4. Die Amphore langsam mit Wasser füllen, dabei immer wieder mit Kiessäckchen ausgleichen, sollte sie aus dem Gleichgewicht kommen.

5. Die Pumpe mit dem Schlauch verbinden, und in das Wasser stellen. Den Schlauch oben in die Amphore stecken.

6. Einen passenden Pflanzkorb oben in die Amphore stecken, so dass er Steine und Pflanzen später halten kann. Den Pflanzkorb im unteren Bereich mit größeren Steinen füllen (hier soll das Wasser fließen können), in den oberen Bereich eine hübsche Pflanze setzen (die Erde vom Ballen soll nicht weggewaschen werden).

7. Einen Probelauf durchführen.

8. Die Wanne bepflanzen, dabei geschickt den Schlauch in den Pflanzen verbergen. Die Kiessäckchen in der Wanne mit losen Steinen hübsch bedecken.

9. Eine Marmor-Trockenmauer um die Wanne herum bauen.

Zeitaufwand bis hierher: ca. 3 Stunden

10. Von Atlantis träumen.

Fernöstliche Ruhe

Eine leichte Brise bewegt dünne, immergrüne Äste. Sonnenschein spielt mit Blättern, springt mal hierhin, mal dorthin, lässt den ganzen Busch gleißen. Dazwischen wie aneinandergereihte Edelsteine ein kleiner Schwall klares Wasser aus einem Bambusrohr, der sich auf einen sorgsam gewählten Stein ergießt. Wild und natürlich nur zum Schein, ist an diesem Fleck jeder Kiesel an seinem Platz. Pflanzen wachsen sanft geleitet auf vorbestimmten Bahnen, recken sich dem wolkenlosen Himmel entgegen.

Fernöstliche Gartenkunst ist schwer zu begreifen, darin Meisterschaft zu erringen ein lebenslanges Streben. So wagen wir den ersten Schritt ...

Hier wurde verwendet:

Ein Gartenbrunnenbassin aus Kunststoff, ca. 70 l Inhalt, samt Deckel

Zwei große Bambusrohre mit einem Durchmesser von ca. 6 cm

Eine 1500-l-Außenpumpe samt 2,5 m passendem Schlauch

Etwa ein Quadratmater eines wasserdurchlässigen, stabilen Gartenvlieses

Einige Eimer kleine, einfache Flusskiesel

Ein sorgsam ausgewählter Stein, um das Wasser aufzufangen (eigentlich ein Vogelbad)

Ein großer Bambusstrauch einer wenig wuchernden Sorte

Eine Japananemone

Ein kleiner Horst Funkien

So wird's gemacht:

1. Versenken Sie das Bassin im Boden.

2. Platzieren Sie den Bambusrohr-Brunnen, legen Sie die fertig angeschlossene Pumpe in das Bassin hinein und füllen es mit Wasser.

3. Schließen Sie die Pumpe an – das fließende Wasser sollte ungefähr in der Mitte des Bassins wieder auftreffen.

4. Legen Sie den Bassindeckel auf, darauf kommt dann die wasserdurchlässige Gartenfolie. Beschweren Sie sie mit den Flusskieseln.

5. Dort, wo der Wasserstrahl die Kiesel trifft, platzieren Sie den zierenden Wasserstein.

6. Setzen Sie die Pflanzen harmonisch zueinander ein.

   Zeitaufwand bis hierhin: 1 Nachmittag.

7. Erlernen Sie die Kunst der Meditation.

So bauen Sie den Bambusrohr-Brunnen:

Bambusbrunnen können Sie kaufen oder auch selbst bauen, wenn Sie nicht vor Säge oder Bohrer zurückschrecken:

a. Kontrollieren Sie, ob die Bambusrohre durchgehend hohl sind. Wenn nicht, brechen Sie die kleinen Holzblättchen im Inneren des Bambus mit einem stabilen Besenstiel.

b. Halten Sie die beiden Bambusrohre so zusammen, wie sie später den Brunnen bilden sollen. Schneiden, sägen oder bohren Sie an der Kontaktstelle in beide Bambusrohre ein Loch, das deutlich größer ist als der Durchmesser des Schlauches, den Sie später hier durchführen.

c. Kürzen Sie die Bambusrohre auf Brunnenlänge – bedenken Sie aber, dass das „Brunnenstandrohr" lang genug sein muss, um es stabil in die Erde zu versenken. Ungefähr dort, wo das Rohr später aus dem Boden kommt, bohren Sie ein weiteres großes Loch für den Schlauch.

d. Fädeln Sie den Schlauch durch das Standrohr, zuerst durch das zuerst gebohrte obere, dann durch das untere Loch. Dabei den Schlauch nicht knicken.

e. Führen Sie nun den Schlauch durch das gebohrte Loch in das zweite Rohr und binden Sie die beiden Bambusrohre mit einer einfachen Schlinge aneinander. Ihr Bambusbrunnen sollte nun ungefähr so aussehen wie auf dem Bild auf Seite 69.

f. Schließen Sie die Pumpe an und wagen Sie einen Testlauf. Sollte kein Wasser laufen, ist wahrscheinlich ein Knick im Schlauch.

Tipp: Bambus, so schön er auch ist, kann im Garten ungewollte Nebeneffekte haben, denn die meisten Arten neigen zum Wuchern. Am besten kaufen Sie eine Horst-bildende Sorte, die keine oder nur wenige Ausläufer bildet, oder Sie bringen beim Pflanzen eine Wurzelsperre ein. In Ihrer Gärtnerei wird man Ihnen diesbezüglich gerne weiterhelfen.

Der Fass-Springbrunnen

Ein großes, schweres, rundes Fass dynamisch zu präsentieren ist gar nicht schwer. Ein Glocken-Springbrunnen bewegt das Wasser, und die Formen, die der Wind aus der nassen Glocke bildet, können wirklich aufregend sein. An den Rand des Fasses gehängt in den verschiedensten Behältern spielen Hängepflanzen miteinander, bilden durch die verschiedenen Formen und Farben ihrer Blätter und Blüten eine Pracht, die Sie den ganzen Sommer hindurch erfreut.

Hier wurde verwendet:

Eine 1000-l-Außenpumpe mit Springbrunnenaufsatz

Einige große Steinquader

Ein ¾-Fass

Ein Regentonnendeckel aus Kunststoff (mit einem mindestens 5 cm kleineren Durchmesser als die obere Fassöffnung)

Weißer Zierkies, einige größere Steinbrocken aus demselben Material

Mehrere Gefäße für die Hängepflanzen

Verschiedene Hängepflanzen

Sehr stabiler Draht oder Haken, um die Gefäße aufzuhängen

So wird's gemacht:

1. Die Pumpe mit dem Springbrunnenaufsatz verbinden.

2. Die Pumpe mit Hilfe der Steinquader mittig auf die richtige Höhe im Fass bringen. Weitere Steinquader so platzieren, dass der Regentonnendeckel später darauf aufliegen kann (oberhalb der Pumpe).

3. Ein Loch in die Mitte des Regentonnendeckels schneiden, den Deckel auf den Springbrunnenaufsatz fädeln und auf den Steinquadern ablegen. Mit Zierkies beschweren. Der Deckel wird an den Außenseiten zum Fass hin einige Zentimeter Abstand haben – das ist gewollt, das Wasser muss schließlich im Fass zirkulieren können. Schließen Sie die Lücke mit etwas größeren Steinen aus dem gleichen Material wie der Zierkies.

4. Füllen Sie das Fass vorsichtig mit Wasser und testen Sie den Springbrunnen (es gibt hierbei viele Techniken und Aufsätze für verschiedene Springbrunnenformen, schauen Sie dazu in die Gebrauchsanweisung Ihres speziellen Geräts).

5. Bepflanzen Sie die Hängegefäße.

6. Formen Sie Haken aus dem Draht und hängen Sie die Gefäße an die Fasswand.

Arbeitsaufwand bis hierher: Etwa 3 Stunden.

7. Lassen Sie ein wenig Wasserfarn schwimmen und berechnen Sie seinen Kurs.

Der kleine Teich

Angepasst auf engen Raum, klein, aber fein kommt dieser Teich daher.
Eingefasst von Bruchsteinen aus Alpenkalk, von Salbei, Edelweiß, Thymian und Gräsern hat dieser Zwerg seinen Platz gefunden. Dennoch ist er
ein vollwertiger Teich – mit Seerosen, Pfeilkraut, Herzblatt und Gauklerblume. Sogar eine Insel trägt er, eine Wasserkugel, die diesmal allerdings
kein Nass spendet. Eine Zwergrose wächst aus ihr, misst sich mit den
Wasserpflanzen, als wolle sie sagen „Schaut her, was ich kann: Ich bin
eine Seerose!"

Hier wurde verwendet:

Ein Bassin aus schwarzem Kunststoff, ca. 50 l Inhalt

Einige Brocken gebrochener Alpenkalk

Einige Steinquader

Ein Pfeilkraut

Ein Herzblatt

Eine blaue Gauklerblume

Eine Mini-Seerose

Eine Wasserkugel aus schwarzem Granit

Zwei Kiessäckchen

Zur Uferbepflanzung: Gräser, Edelweiß, Salbei, Thymian

Eine Zwergrose-„Seerose"

So wird's gemacht:

1. Das Bassin möglichst waagerecht aufstellen (wie das geht, lesen Sie auf Seite 118 und 119), eventuell ein wenig eingraben. Zur Hälfte mit Wasser füllen.

2. Die Bruchsteine aus Alpenkalk um das Bassin herum aufschichten, so dass das Ganze – je nachdem, wie tief Sie das Bassin eingegraben haben – wie ein kleiner Berg mit Kratersee aussieht.

3. Nutzen Sie die Steinquader, um die perfekte Wassertiefe für Ihre Wasserpflanzen zu erreichen. Stellen Sie die Wasserpflanzen in ihren Pflanzkörben auf die Quader.

4. Stellen Sie die Kugel auf einen Quader, stabilisieren Sie sie mit den Kiessäckchen.

5. Bepflanzen Sie das Ufer und setzen Sie die „Seerose".

   Arbeitsaufwand bis hierher: etwa 1 ½ Stunden.

6. Genießen Sie die kleinen Freuden des Zwerg-Teichs.

Die heilige Quelle

Ein großer Findling, von dem weiches Wasser rinnt, das in den Tiefen unter dem Stein in hellem Licht verschwindet. Nebel, der aufsteigt und die Ufer sanft benetzt. Weiße Blüten allenthalben, von warmem Kerzenlicht erhellt. Ein Ort der Kraft, der Sicherheit. Ein Hort der Ruhe. Die Quelle, an der Engel rasten.

Hier wurde verwendet:

Ein Bassin aus schwarzem Kunststoff, ca. 70 l Inhalt

Ein halber Findling

Eine Engelsstatue, ca. 1,5 m hoch

Eine 1500-l-Außenpumpe samt 1,5 m Schlauch

Sehr viele helle Flusskiesel verschiedener Größen

Ein Ultraschallvernebler

Eine Unterwasser-LED-Leuchte

Verschiedene Blumen mit weißen Blüten

Teelichter und weiße Kerzen in Gläsern

84

So wird's gemacht:

1. Das Bassin tief im Boden versenken (der Bassin-Rand sollte 3–4 cm tiefer als der umliegende Grund sein).

2. Den halben Findling so platzieren, dass er mit dem Rand gute 10–15 cm über dem Bassin steht. Die Findlingsunterseite muss Gefälle zum Bassin hin haben, sonst geht das Wasser später verloren.

3. Den Engel aufstellen. Er braucht festen, geraden Untergrund, um sicher zu stehen.

4. Die Pumpe mit dem Schlauch verbinden, ins Bassin legen. Den Schlauch um den Findling herumführen und oben auf dem Findling mit einigen losen Steinen fixieren.

5. Das Bassin halb mit Wasser füllen. Einen Probelauf durchführen.

6. Die Flusskiesel so in das Bassin geben, dass sie ein möglichst natürliches Becken bilden.

7. Den Ultraschallvernebler und das Unterwasser-LED-Licht im Bassin unter dem Findling verstecken. Man sollte nur die Wirkung sehen (Licht und Nebel), aber weder die Geräte noch die Leitungen.

8. Die restlichen Flusskiesel dekorativ um das Bassin, den Findling und den Engel legen und die Blumen pflanzen. Die Teelichter und Kerzen platzieren.

Arbeitsaufwand bis hierher: Etwa 1 Tag.

9. Sich an den ungläubigen und staunenden Blicken der Nachbarn erfreuen.

Tipp: Sowohl Engel als auch Findling sind sehr schwer. Organisieren Sie sich rechtzeitig Hilfe zum Anpacken oder besser noch, lassen Sie beide bei der Anlieferung von den Fachleuten setzen. Sie sollten darüber aber schon beim Einkauf verhandeln, und natürlich müssen die vorherigen Arbeitsschritte bereits erledigt sein.

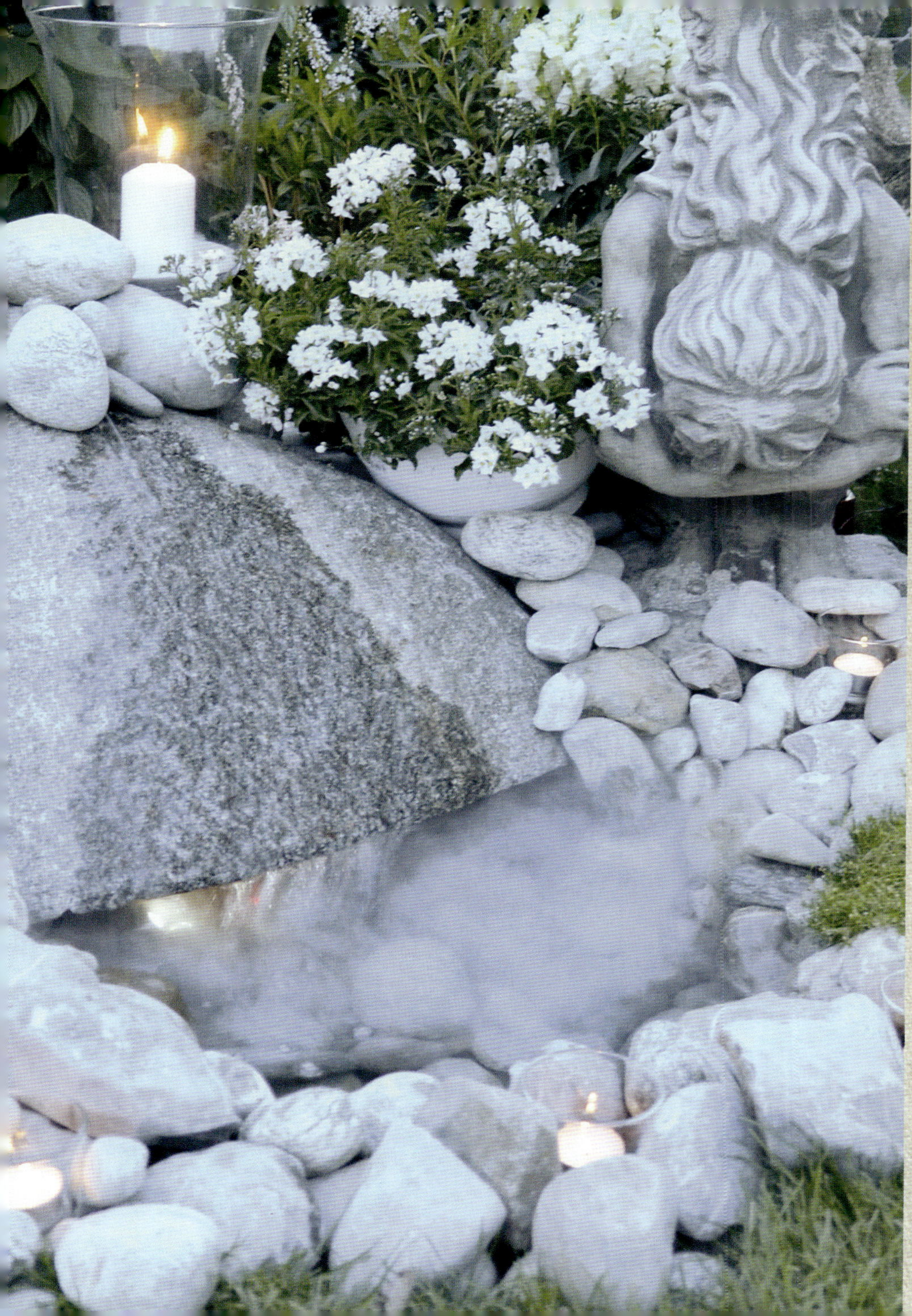
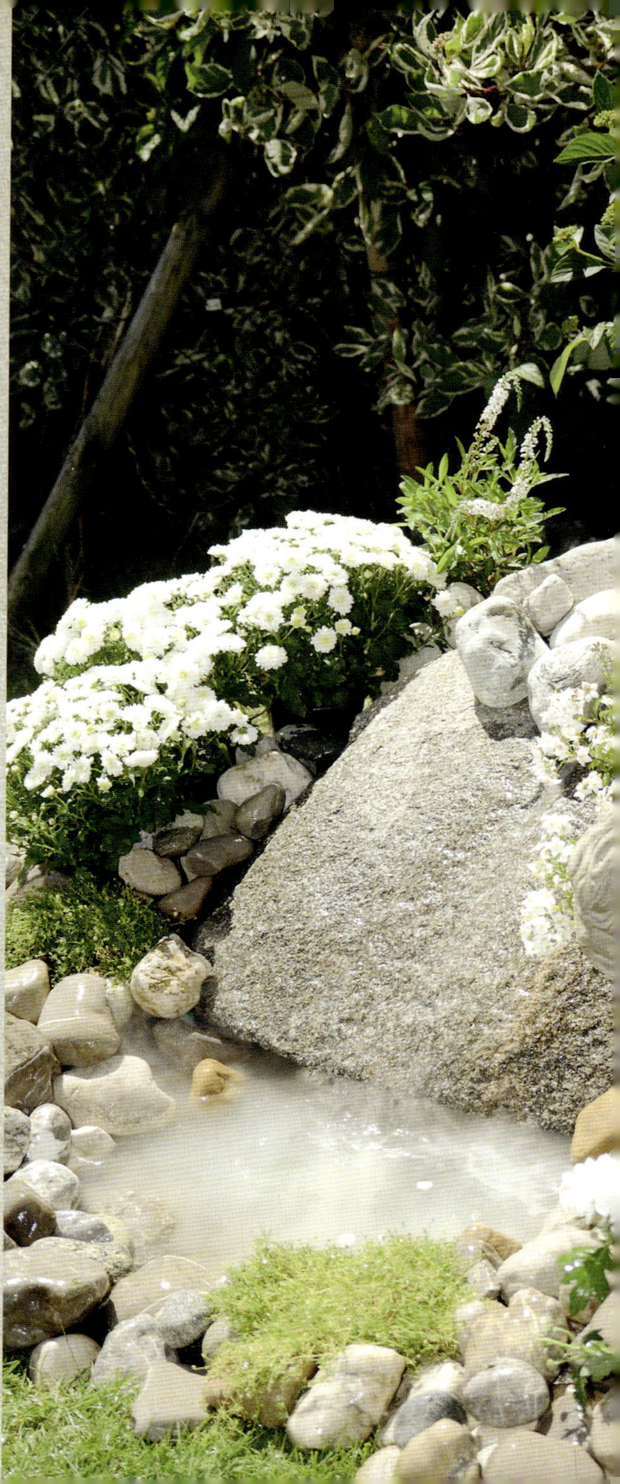

Projekte
für
drinnen

Das Silberschiffchen

Elegant und modern: Die silberne Metallschale. Ein Schiffchen, das auf jedem Sideboard seine Wirkung entfaltet, aber auch als Tischdekoration einer festlichen Tafel Eindruck macht. Bug und Heck sanft erhöht von rosa Zwergrosen, steht der vielstämmige Ficus als Mast in der Mitte. Rosa-weißer Marmorkies bildet das Deck.

Doch leckgeschlagen ist das Schiff, so wie es scheint, denn kleine Fontänen Wasser quellen hervor, aus dem silbernen Bauch, sorgen an diesem windstillen Tag für einen Hauch träger Dynamik.

Hier wurde verwendet:

Zwei Innenpumpen, je 5 Watt Leistung

Sechs rosa Zwergrosen

Ein Ficus benjamina Natasja

Drei wasserdichte Pflanzbehälter

Eine stabile, silbern glänzende Metallschale, 100 cm lang, in der Mitte 23 cm breit

Rosa-weißer Marmorkies, aus dem gleichen Material einige etwas größere Steine

So wird's gemacht:

1. Stellen Sie die Pumpen auf kleine Leistung ein. Machen Sie einen Probelauf in einem waagerechten Becken. Die erzeugten Fontänen sollten nicht zu hoch, aber gleichartig sein, in der Schale soll später nichts herausspritzen.

2. Pflanzen Sie die Rosen und den Ficus in die drei wasserdichten Pflanzbehälter (siehe Seite 120 und 121).

3. Füllen Sie die Schale mit einer Schicht Kies und stellen Sie die Pflanzen in ihren Behältern darauf. Deren oberer Rand sollte höher als der Rand der Schale liegen.

4. Setzen Sie die Pumpen waagerecht auf den Kies.

5. Stabilisieren Sie Pflanzen und Pumpen, indem Sie seitlich weiteren Kies anschütten.

6. Füllen Sie genügend Wasser ein, um die Pumpen für einen Testlauf ausreichend zu bedecken. Sollten die Pflanzgefäße aufschwimmen, gießen Sie die Pflanzen, um sie zu beschweren.

7. Korrigieren Sie die Ausrichtung der Pumpen, indem Sie sie millimeterweise neigen, bis der Wasserstrahl genau senkrecht nach oben sprudelt.

8. Füllen Sie mit dem restlichen Kies auf. Beschweren Sie auch die Pflanzgefäße damit.

Zeitaufwand bis hierher: etwa 45 Minuten.

9. Stechen Sie in See.

Schiefernadel im Glas

Hoch reckt sich der Schiefer im Glas, bildet Bühne und Kontrast gleichermaßen, um den edlen Japanischen Schachtelhalm in Szene zu setzen. Sanft entspringt dem Felsen eine kleine Quelle, Bachlauf und Miniaturwasserfall in einem, dessen Nass im beigefarbenen Gestein an der Basis der Vase wieder versickert und die Pflanze nährt.

Die Nadel im Glas ist eine wundersame kleine Welt, von der man nichts hört, die aber immer und immer wieder den Blick einfängt und in jedem Raum einen Ort der Ruhe bildet.

Hier wurde verwendet:

Eine Glasvase, 65 cm hoch, oben 26 cm breit

Ein japanischer Schachtelhalm

Teichvlies, ca. 50 x 50 cm

Eine 5-Watt-Innenpumpe samt 60 cm zugehörigem Schlauch

Ein paar Handvoll hellbeige Kies

Zwei flache, schmale Schieferstelen,

So wird's gemacht:

1. Die Vase sauber putzen. Vorsichtig 2–3 cm Kies hineingeben.

2. Die Pflanze von ihrem Korb befreien, den Pflanzballen in ein Teichvlies einschlagen (wie das geht steht auf den Seiten 124 und 125).

3. Den Pflanzballen einsetzen. Er sollte mindestens 1,5 cm Abstand von den Glaswänden haben. Hinter den Pflanzballen setzen Sie die Pumpe mit dem Schlauch. Die Zwischenräume – gerade auch zum Glas – werden mit Kies gefüllt.

4. Setzen Sie – sehr, sehr vorsichtig – den Schiefer ein. Er muss sicher stehen und darf nicht wackeln. Schließen Sie den Schlauch an die Öffnung im Schiefer (siehe Seite 130) an.

5. Geben Sie den restlichen Kies in die Vase, füllen Sie bis zum Kiesrand mit Wasser auf.

   Zeitaufwand bis hierher: etwa 45 Minuten.

6. Den Platz finden, an dem der Felsen im Glas am besten wirkt.

Tipp: Glas und große, schwere Steine vertragen sich nur bedingt. Achten Sie immer darauf, dass keine Steinkanten oder -spitzen Kraft auf das Glas ausüben. Das geht beispielsweise durch ein Kiesbett unter dem großen Stein (es verteilt das Gewicht gleichmäßig) oder durch durchsichtige, selbstklebende Plastiknoppen (gegen Verrutschen auf glatten Oberflächen). Bei diesem Projekt haben wir sie dort benutzt, wo der Stein am Glas anlehnt.

Felsen am See

Klares Wasser. Ein Baum, der Schatten spendet, dessen Äste zum Klettern einladen. Felsen, die sich in der Sonne aufwärmen und in deren Mitte ein kleiner, kühler Bach munter über Kanten springt und den See speist. Was würden Sie von Ihrer kleinen Klippe mehr erwarten? Nun gut, ein wenig größer dürfte sie vielleicht sein, so dass man selbst es dem Bächlein gleich tun und mit einem Satz über die Kante für Abkühlung sorgen könnte. Dann aber wären Baum und Fels wohl ein paar Schritte weiter entfernt als dort, im Zimmereck, auf einem kleinen Tisch, wo Sie sich jederzeit darüber freuen können.

Hier wurde verwendet:

Ein Bonsai und ein Miniaturfarn

Wasserdichte Gefäße für die Pflanzen, dazu etwas Kies und etwas wasserdurchlässige Folie (siehe Seite 120 und 121)

Eine Schale aus Steinguss mit einem Durchmesser von 43 cm

Mehrere kleine Kiessäckchen (siehe Seite 129)

Eine 5-Watt-Innenpumpe samt 15 cm Schlauch

Einige Bruchsteine Alpenkalk

Ein wenig farbiger Kies

So wird's gemacht:

1. Den Bonsai und den Farn in wasserdichte Behälter pflanzen (mehr zu diesen Pflanzinseln auf den Seite 120 und 121).

2. Die Pumpe an den Rand der Schale stellen – so tief wie möglich. Die Kiessäcke darum legen, darauf Bonsai und Farn in ihren Gefäßen stellen.

3. Die größeren Steine platzieren, dabei den Schlauch so einbauen, dass er in den Steinen verschwindet.

4. Wasser einfüllen, bis die Pumpe bedeckt ist, dann einen Probelauf durchführen. Pumpenstärke und Schlauchausrichtung anpassen, so dass es nur ein kleines Bächlein, aber keinen reißenden Strom ergibt.

5. Mit Steinen und Kies so abdecken, dass alles natürlich wirkt.

Zeitaufwand bis hierher: Etwa 30 Minuten.

6. Davon träumen, dann und wann ein Däumling zu sein.

Seerose im Cocktailglas

Sommer, Sonne, Sand. Die Füße im See, die Gedanken verloren im Nirgendwo. Ein paar Cocktails am Strand schlürfen...

Doch Cocktails schmecken nicht nur, sie sehen auch gut aus. Was läge also näher, als sich einen Cocktail zu mixen, der reinen Dekorationszwecken dient? Übergroß müsste er sein, natürlich, und exotisch. Mit einer Blüte, die auffällt. Ein Blickfang, der überrascht, der jedem Besucher ganz schnell signalisiert: Hier lebt jemand ganz Besonderes, jemand mit viel Spaß am Leben.

Hier wurde verwendet:

Ein etwas größeres Cocktailglas, 90 cm hoch mit einem oberen Durchmesser von 34 cm und einer maximalen Wassertiefe von 23 cm

Eine Zwergseerose, die sich in einer derart geringen Wassertiefe wohl fühlt.

Eine Handvoll beigefarbener Kies

So wird's gemacht:

1. Die Seerose vorsichtig an der tiefsten Stelle des Glases pflanzen.

2. Die Erde mit dem beigefarbenen Kies abdecken

3. Vorsichtig Wasser einfüllen, am besten über eine umgedrehte Untertasse in das Glas gießen, so vermeiden Sie aufwirbelnde Erde.

Zeitaufwand bis hierhin: 15 Minuten.

4. Einen richtigen Cocktail mixen.

Anmerkung: Als wir dieses Projekt aufbauten, hatten wir zunächst Zweifel, ob es funktioniert, oder ob die Seerose eingehen würde. Wir haben sie gepflegt, mit einem Seerosenkegeldünger versorgt, und – wie bei einem normalen Blumenstrauß – alle paar Tage das Wasser gewechselt. Die Seerose hat es uns großzügig gedankt: Mit mehreren wundervollen Blüten im Lauf der folgenden Wochen. Wir überwintern sie im Gartenteich, werden ihr aber auch im nächsten Sommer wieder die Chance geben, als Cocktailrose zu brillieren.

Wunderbare Winterzeit

Frühe, dunkle Abende. Aber auch eine Zeit für Feste: Weihnachten, Sylvester. Sekt und Champagner, knallende Korken. Genügend Grund, einmal über eine andere Art Dekoration nachzudenken. Der kleine Tannenbaum auf den grauen Felsen, zart geschmückt. Zu seinen Füßen das Eismeer. Darin eine Flasche Blubberwasser, denn es soll gefeiert werden, und so wollen wir den Zweck unseres Sektkühlers wahren.

Hier wurde verwendet:

Ein Sektkühler aus Metall, ca. 35 cm Durchmesser

Drei Kiessäckchen (siehe Seite 129)

Ein sehr kleiner Tannenbaum

Ein kleines, wasserdichtes Gefäß für die Pflanzinsel (siehe Seite 120 und 121)

Einige Bruchstücke Alpenkalkstein

Ein paar Perlen, Moos und Flechten und etwas Lametta

Eis

Eine Flasche Champagner

So wird's gemacht:

1. Die Kiessäckchen in den Sektkühler legen, so dass sie etwa ein Drittel des Bodens bedecken.

2. Den Tannenbaum in ein kleines, wasserdichtes Gefäß setzen.

3. Mit den Bruchsteinen einen Berg bauen, am Gipfel den Tannenbaum pflanzen.

4. Mit Moos und Steinen dekorieren, den Baum schmücken.

5. Eis einfüllen, den Champagner hinein legen, mit Wasser auffüllen.

Zeitaufwand bis hierher: 15 Minuten.

6. Auf den Gast warten.

Orchidee im Glashaus

An dieser Blume in einer Vase ist nichts gewöhnlich: Das Wasser erreicht die Wurzeln nicht, stattdessen nährt es Steine. Ein Stück Holz schwebt dafür fast in der Luft, und darauf wächst die Orchidee. Wo ist da der Sinn? Vielleicht im Mikroklima, der feuchten Luft, die die Orchidee freut?

Aber ... muss es überhaupt Sinn ergeben, wenn es doch so schön ist?

Hier wurde verwendet:

Eine kleine Phalaenopsis-Orchidee

Etwas Draht

Ein außergewöhnliches Stück Holz

Ein wenig Moos

Farbiger Kies und dazu passende, etwas größere Steine

Eine große Glasvase

Eine 5-Watt-Innenpumpe samt einigen Zentimetern Schlauch

So wird's gemacht:

1. Die Orchidee wird vorsichtig mit Draht auf das Holzstück gebunden. Verletzen Sie die Pflanze dabei nicht.

2. Mit Moos decken Sie die Wurzel ab – das dient sowohl dem Erhalt der Feuchtigkeit als auch dem Verstecken des Drahts.

3. Füllen Sie eine Handvoll Kies in die Vase, stellen Sie darauf die Pumpe. Schütten Sie mit Kies auf, bis die Pumpe verschwindet.

4. Bauen Sie einen kleinen Hügel mit den größeren Steinen, sorgen Sie dafür, dass der Schlauch richtig liegt. Das Wasser soll später sanft quellen.

5. Setzen Sie die Orchidee auf ihrem Holzstück auf den steinernen Hügel.

Zeitaufwand bis hierher: 1 Stunde.

6. Versuchen Sie alle möglichen Plätze, um den besten zu finden.

Tipp: Sie können die Orchidee ganz einfach an verschiedene Hintergründe anpassen. Steht die Vase vor hellem Hintergrund? Dann nehmen Sie dunkle Steine als Basis. Vor dunklem Hintergrund wiederum machen sich helle Steine besser. Schauen Sie sich die Fotos an – mit kleinen Eingriffen erzielen Sie große Wirkung.

Tipps, Tricks, Technik

Tipps, Tricks, Anleitung

Auf den folgenden Seiten finden Sie alles, was Sie benötigen, um die Projekte dieses Buches nachzubauen. Oder um eigene zu realisieren. Egal, ob Sie Fragen haben zu Einkauf, Projektaufbau oder zur Technik – hier werden Sie die Antworten finden. Leicht, verständlich und vollständig erklärt und so aufgebaut, dass Sie völlig ohne Werkzeug auskommen.

Bevor Sie mit dem eigentlichen Projekt anfangen, kommt schon der erste Höhepunkt:

Der Einkauf

Als wir mit diesem Buch begannen, spielten wir mit dem Gedanken, Ihnen hier an dieser Stelle eine Liste zu präsentieren, mit Adressen im Internet oder Versandhandel, so dass Sie leichten Zugriff haben auf alle möglichen Produkte. Aber während des Einkaufs für die vielen Projekte haben wir dazugelernt und möchten Ihnen nun das Folgende ans Herz legen:

Gehen Sie einfach los, in die nächste gute Gärtnerei, wandeln Sie durch die Gänge mit den verschiedenen Bassins und Pflanzkübeln, schauen Sie sich die Statuen an oder die Gartenaccessoires, schwelgen Sie in der ausgestellten Blütenpracht. Lassen Sie sich inspirieren! Und entwickeln Sie aus den vorhandenen Materialien Ihr ganz eigenes Projekt. Kein Bild im Internet kann

Ihnen das Anschauen, das Anfassen, das Riechen an einer Blüte ersetzen.

Kübel, Pflanzbehälter, Accessoires finden Sie in einer gut sortierten Gärtnerei. Besondere Steine warten auf Sie bei Ihrem Naturstein-Händler – er wird Ihnen auch die Löcher durch die Steine bohren. Teichpflanzen erhalten Sie am besten in einer auf Teichpflanzen spezialisierten Gärtnerei.

Technik für Ihren Teich bekommen Sie im Aquaristik-Spezialhandel oder in jedem größeren Baumarkt. Ein steinerner Pflanzkübel soll es sein im Look Ihrer Terrasse? Ihr Steinmetz wird Ihnen gerne einen anfertigen.

Aber auch Einrichtungshäuser oder Flohmärkte sind großartige Möglichkeiten, auf etwas ganz Spezielles, manchmal gar Einzigartiges zu stoßen. Viel Erfolg!

Der erste Schritt

Was auch immer Sie eingekauft haben, nun geht es ans Putzen. Egal, ob Steine, Kies, Wurzeln, Accessoires oder Dekorationsartikel: Je sauberer all diese Dinge in der Wasserwelt verbaut werden, desto länger werden Sie Spaß daran haben.

Die vier Wege

Weg 1: Das Bassin in der Erde

Die hier vorgestellten Projekte lassen sich alle in eine von vier Grundaufbauten einordnen oder bestehen aus einer Kombination von mehreren. Dies hier ist die erste und wohl geläufigste: Ein Wasserbehälter wird ganz oder zum Teil in der Erde versenkt.

Bei größeren Projekten gehen Sie vor, wie unten erklärt, bei kleineren dürfen Sie – so wie wir in den nebenstehenden Bildern – gerne auf einzelne Schritte wie „den Boden verdichten" verzichten.

Das Loch, in das Sie Ihr Bassin versenken wollen, sollte ein wenig größer sein als das Bassin und ein wenig tiefer – bei kleinen Behältern reichen ein paar Zentimeter, bei größeren darf es gern eine Handbreit rundherum sein. In der Tiefe genügen ein paar Zentimeter.

Der Boden, auf dem das Bassin stehen soll, wird verdichtet – entweder per Hand oder indem Sie ihre Kinder ein wenig im Bassinloch auf und ab springen lassen.

Füllen Sie Sand in das Bassinloch, 2–3 Zentimeter sollten ausreichen, und streichen Sie die Schicht glatt und möglichst eben.

Stellen Sie das Bassin ein und richten Sie es aus. Das geht ganz einfach, indem Sie eine kleine Menge Wasser hineingeben. Wenn diese den Bassinboden gleichmäßig bedeckt, dann ist alles in Ordnung. Wenn sie auf eine Seite schwappt, dann drücken oder drehen-drücken Sie die trockene Seite etwas tiefer in den Sand.

Füllen Sie seitlich zwischen Erdreich und Bassin weiter Sand ein und schlämmen Sie ihn ein (gießen Sie ein wenig Wasser hinterher – der Sand schließt so etwaige Zwischenräume). Geben Sie parallel dazu auch immer Wasser mit in das Bassin, sonst könnte es passieren, dass das eingeschlämmte Wasser dieses anhebt.

119

Weg 2: Die Pflanzinsel im Wasserbecken

Die Pflanzinsel ist eine Technik, die Sie vor allem dann benutzen, wenn Sie relativ kleine Wasserschalen bepflanzen wollen. Diese Technik sorgt dafür, dass beim Gießen der Pflanze keine Erde in das Wasser geschwemmt wird und es somit nicht eintrübt oder mit Nährstoffen angereichert wird, die später Algenwachstum begünstigen. Gleichzeitig bildet die Pflanzinsel eine gute Basis für jede Ihrer Pflanzen, ganz ohne nasse Füße.

Betrachten Sie den Wurzelballen der Pflanze, die als Pflanzinsel gesetzt werden soll. Wählen Sie einen Behälter, in den der Pflanzballen von der Breite her gerade so hineinpasst (wenn Sie wollen, dass die Pflanze größer wird, darf er auch breiter sein). Er sollte allerdings ein Stück tiefer sein als der Ballen.

Testen Sie, ob das Pflanzinsel-Gefäß in Ihre Schale passt, oder ob es vielleicht zu tief ist.

Füllen Sie Kies als unterste Schicht in das Gefäß. Die Schicht sollte so hoch sein, dass der Pflanzballen noch darüber passt. Die Kiesschicht dient als Drainage, so dass überschüssiges Gießwasser in den Kies abfließen kann und die Pflanze nicht mit den Wurzeln im Wasser steht, was den meisten nicht bekommen würde.

Auf die Kiesschicht legen Sie ein kleines Stück Gartenvlies oder Stoff. Es ist wasserdurchlässig, wird aber die Erde daran hindern, beim Gießen in den Kies geschwemmt zu werden.

Setzen Sie den Pflanzballen in das Gefäß, füllen Sie etwas Erde an den Rändern ein, die Pflanze soll schön fest in ihrem neuen Gefäß stehen. Lassen Sie aber den Rand Ihres Gefäßes etwas überstehen, so dass Gießwasser nicht über den Rand in Ihre Wasserwelt läuft. Den Rand können Sie zum Schluss zum Beispiel mit Moos kaschieren.

Ihre Pflanzinsel ist nun bereit dazu, ihren Platz einzunehmen. Achten Sie beim Gießen der Pflanzen dennoch darauf, dass Sie ihnen nicht zu viel Wasser geben. Die Kiesschicht der Pflanzinsel gleicht zwar aus, kann aber bei allzu großem Überfluss an Nass nicht mehr regulierend eingreifen.

121

Weg 3: Der Topf, die Pumpe und das Schwergewicht

Eine recht schwere Kugel oder einen größeren Stein direkt oberhalb einer Pumpe zu platzieren ist nur dann einfach, wenn Kugel oder Stein eine Aussparung für die Pumpe haben. Ist das nicht der Fall, dann bauen Sie ein solches Projekt folgendermaßen auf:

Füllen Sie den Wasserbehälter einige Zentimeter hoch mit einer Kiesschicht. Diese dient später dazu, dass das Wasser unter den Topf fließen kann, und sorgt dafür, dass die Pumpe immer versorgt ist.

Suchen Sie sich einen alten Topf aus Ton oder Plastik. Er muss allerdings stabil genug sein, um später das Schwergewicht zu tragen. Dabei darf er nicht so groß sein, dass er mit seiner breitesten Stelle an die Ränder des Wasserbehälters stößt (auch das würde den Wasserfluss behindern).

Legen Sie die Kugel oder den Stein auf einen weichen Boden oder ein Handtuch so, dass die Wasserlöcher links und rechts sind. Befestigen Sie einen Schlauch an der einen Seite der Kugel.

Kürzen Sie den Schlauch auf die richtige Länge: So kurz, dass Sie den Topf auffädeln und die Pumpe noch aufstecken können, aber nicht so lang, dass die Pumpe hängend am Schlauch unterhalb des Topfes endet, denn dann würde der Schlauch knicken und der Wasserdurchfluss wäre gehemmt.

Fädeln Sie den Topf durch sein Wasserloch auf den Schlauch auf, bis er die Kugel berührt, fixieren Sie ihn nach unten, indem Sie ein paar Bücher unterlegen.

Stecken Sie die Pumpe auf den Schlauch.

Nehmen Sie das ganze Gebilde vorsichtig auf (je nach Größe und Gewicht sind 4 Hände hier besser als 2) und setzen sie es – Pumpe und Topf nach unten – sehr vorsichtig in den vo-bereiteten Wasserbehälter. Achten Sie auf das Stromkabel der Pumpe, es sollte ein wenig im Kies vergraben werden.

Füllen Sie Wasser auf, machen Sie einen Probelauf – ändern Sie die Pumpenleistung, bis Sie zufrieden sind.

Schütten Sie seitlich Zierkies auf, bis nichts mehr vom Topf zu sehen ist.

Weg 4: Die Pflanze im Kies

Es mag vorkommen, dass das Wasser Ihrer Wasserwelt zwar Ihre Wasserpflanze versorgen soll, dass sie aber weder Ausschwemmung der Erde wollen, noch soll der Ballen zu sehen sein. Die meisten Projekte mit einer Wasserpflanze in einer Vase werden solche Fälle sein. Sie gehen dann folgendermaßen vor:

Achten Sie bereits beim Einkauf darauf, dass der Pflanzballen der Wasserpflanzen kleiner ist als Ihre Vase. Je kleiner der Ballen, desto mehr Möglichkeiten der Platzierung haben Sie später - was vor allem dann wichtig ist, wenn Sie beispielsweise noch eine Pumpe unterhalb der Wasseroberfläche, also neben der Pflanze, platzieren wollen.

Entfernen Sie den Pflanzkorb vom Ballen, waschen Sie die Erde des Ballens gut aus.

Legen Sie die Pflanze auf den Boden, die Wurzel auf ein Stück Teichvlies.

Geben Sie genügend Spezialerde für Wasserpflanzen (diese ist teuer, aber sie gibt ihre Nährstoffe nicht ans Wasser ab) auf die Wurzel, gönnen Sie Ihrer Pflanze evtl. ein wenig Dünger (auch bei diesem wählen Sie bitte einen speziell für die Wurzeln von Wasserpflanzen).

Schlagen Sie die Wurzel in das Teichvlies. Mit einer Schnur oder ein paar Stichen mit Nadel und Faden fixieren Sie das Vlies.

Nun können Sie den eingepackten Pflanzballen nach Gutdünken in Ihrer Vase oder einem sonstigen Gefäß platzieren. Er ist sehr robust und kann während der Projektbauphase hin und her bewegt oder auch komplett herausgenommen werden, ohne dass die Pflanze leidet. Halten Sie ihn aber – gerade wenn es ein wenig länger dauert – unbedingt feucht.

Hat er seine endgültige Position gefunden, füllen Sie Kies zwischen Vlies und Vase auf, um ersteres zu verstecken.

Ein kurzer Blick auf die Technik

In diesem Buch arbeiten wir mit verschiedenen technischen Hilfsmitteln. Sie sind im Folgenden kurz aufgelistet und erklärt. Sie sind alle recht robust und gehen ohne weiteres nicht kaputt, aber denken Sie immer daran, dass Sie hier mit Strom und Wasser arbeiten. Wenn Ihnen ein technisches Gerät fehlerhaft erscheint, ein Kabel ausgeleiert oder geknickt ist, oder das Kaninchen Ihrer Enkeltochter daran herumgekaut hat: Legen Sie es beiseite, bis ein Fachmann einen Blick darauf geworfen hat.

Die Pumpe

Sie bildet das Herzstück eines jeden Wasserkreislaufs und sollte immer vollständig vom Wasser umgeben sein. Es gibt unzählige Produkte auf dem Markt, die Auswahl fällt entsprechend schwer. Sie sollten darauf achten, dass die Pumpe regulierbar ist, dass Sie also einstellen können, wie viel Wasser gepumpt wird, besonders, wenn es um sehr kleine Projekte geht.

In der Pumpe sitzt ein kleiner Motor, der sie antreibt. Unter Umständen können dabei Vibrationen an das Bassin, die Schale oder Vase abgegeben werden, und es kommt zu einem leichten Brummen. Das können Sie eindämmen oder sogar ganz vermeiden: Ein gut ausgewaschenes Küchenschwammtuch wird zurechtgeschnitten, doppelt gefaltet und zwischen Pumpe und Schale so platziert, dass jene nicht direkt aneinander stoßen.

Unser Tipp: Orientieren Sie sich für Ihre Wasserwelt an den Pumpen, welche hier im Buch Verwendung finden. Dann können Sie bei ähnlichen Projekten kaum Fehler machen.

Der Springbrunnen

Es handelt sich eigentlich nur um einen speziellen Adapter, der auf eine leistungsstarke Pumpe aufgesetzt wird. Auch hier haben Sie im Handel die Qual der Wahl.

Unser Tipp: Nehmen Sie einen Adapter, der mehrere Formen von Wasserfontänen ermöglicht. Diese sind – wenn überhaupt – nicht wesentlich teurer, erhöhen aber den Nutzen ungemein.

Unterwasserlicht

Licht kann aus einem einfachen Brunnen ein Kunstwerk machen. Experimentieren Sie damit. Wir haben in diesem Buch mit Unterwasserlichtern mit LED-Technik gearbeitet. Auch hier gibt der Markt viel her – von einzelnen LEDs bis zu starken Halogenscheinwerfern ist alles zu bekommen.

Unser Tipp: Lassen Sie es langsam angehen, beleuchten Sie lieber zuwenig als zuviel. Schließlich wollen Sie in den meisten Fällen einen Lichtzauber schaffen und kein Stadion fluten.

Der Ultraschallzerstäuber

Diese technische Spielerei muss ein wenig erklärt werden: Im Grunde handelt es sich um einen kleinen Lautsprecher, dessen Membran so schnell schwingt, dass sie das Wasser aufwühlt und regelrecht zerstäubt. Das Ergebnis ist eine Vielzahl winzig kleiner Wassertropfen, die uns wie Nebel erscheinen und vom Wind verweht werden. Unseren Hund hat der dabei erzeugte sehr hohe Ton (für den Menschen ohnehin nicht zu hören) übrigens nicht gestört.

Unser Tipp: Es gibt hier sehr große Unterschiede in der Qualität. Kaufen Sie dieses Gerät nur im Fachhandel, und lassen Sie sich speziell für Ihr Projekt beraten.

Eine kleine Anmerkung zum Stromverbrauch

Wenn Sie sich Gedanken über den Stromverbrauch machen und sich Ihr grünes Gewissen regt, können wir Sie beruhigen, denn die Geräte verbrauchen nur sehr geringe Mengen: Die meistbenutzte Pumpe in diesem Buch hat eine Leistung von 5 Watt. Ihr Stromlieferant wird Ihnen im Schnitt etwa 25 Cent pro Kilowattstunde berechnen (im Jahr 2013).

Sofern Sie also Ihre 5-Watt-Pumpe Tag und Nacht laufen lassen, liegen Ihre Kosten bei rund 4 Cent am Tag, 28 Cent in der Woche, € 1,20 im Monat.

Nützlicher Helfer: Das Kiessäckchen

Das Kiessäckchen ist ein nützlicher Helfer für den Aufbau gerade kleinerer Projekte mit wenig Platz und steilen Ufern. Ein paar davon griffbereit auf der Seite zu haben lohnt sich immer.

Schneiden Sie fürs Erste ein rechteckiges Stück eines einfachen, naturfarbenen Stoffes aus (ein altes Bettlaken genügt). 30 x 20 cm genügen. Auf einer 30-cm-Seite schlagen Sie einen etwa 2 cm breiten Streifen ein und nähen ihn fest, so dass ein Tunnel entsteht.

Halbieren Sie nun den Stoff an der 20-cm-Seite mit einer Falte, so dass Sie zwei übereinander liegende Stoffteile haben mit einer Länge von 15 x 20 cm.

Schließen Sie die offenen Seiten mit einer 15- und einer 20-cm-Naht, an der Seite mit dem Tunnel bleibt das Säckchen offen. Mit einer spitzen Schere öffnen Sie nun den Tunnelzug rechts und links der Naht ein klein wenig und ziehen ein Bändchen hindurch – fertig.

Waschen Sie den Kies, der eingefüllt werden soll, in einem Eimer mehrfach sehr gut durch. So lange, bis das Wasser klar bleibt. Je sauberer der Kies, desto länger bleibt die Wasserwet schön. Füllen Sie den Kies nun ein, aber – wichtig – nur etwa zur Hälfte. Das Säckchen soll nicht prall sein, sondern formbar. Binden Sie das Säckchen zu.

Schneidern Sie sich einige Säckchen in verschiedenen Größen je nach Bedarf.

So kommt das Wasserloch in den Stein

Wenn Sie bei Ihrem Naturstein-Händler den passenden Stein für Ihr Projekt gefunden haben, dann wird er üblicherweise kein Loch für Ihre Wasserquelle aufweisen. Der beste Weg, ein solches zu bekommen, ist, zuerst die Wasserwelt aufzubauen und mit einem Bleistift zu markieren, aus welchem Stein wo genau das Wasser herausquellen soll und wo Sie gerne den Wassereinlass hätten. Damit geht es zurück zu Ihrem Händler oder zum Steinmetz, der die beiden Markierungen durch ein Bohrloch verbindet.

Robustere Zeitgenossen mögen sich mit einem Steinbohrer selbst versuchen, auch das funktioniert mit Kraft, Ausdauer, der richtigen Bohrmaschine und einem nicht zu harten Stein. Ich möchte Ihnen aber eindringlich den ersten Weg ans Herz legen.

Wie man einen schmalen Schlauch in einem großen Wasserloch befestigt

Nicht immer wird der gewählte und an die Pumpe passende Schlauch zum Wasserloch passen. Sie können dann natürlich mit Adaptern arbeiten, die man im Handel bekommt, aber es geht auch einfacher: Ein Stückchen Isolierschaum reicht bereits aus. Schnitzen Sie sich eine Art Korken daraus, das Loch stechen Sie mit einem Apfelkerngehäuse-Ausstecher aus. Stecken Sie den

Schlauch mit Ihrem selbstgebauten Adapter in das zu große Loch. Es muss in den allermeisten Fällen nicht völlig wasserdicht sein, wenn es tröpfelt, schadet es nicht. Nur einigermaßen fest sollte das Konstrukt sitzen.

So passt man Folie an einen Topf an

Ein großzügig bemessenes Stück Folie auf den Boden des Behälters drücken. Wasser einlaufen lassen, dabei die Folie an die Seiten drücken und zurechtzupfen. Legen Sie die entstehenden Falten alle in eine Richtung.

Erst wenn der Behälter mit Wasser vollgelaufen ist, schneiden Sie die überstehende Folie ab.

Die Folie wird fixiert, so dass sie auch ohne Wasser im Behälter an den Seiten hält. Nehmen Sie dazu je nach Projekt zum Beispiel Steine, die Sie einfüllen, oder zurechtgeschnittene Bambusstäbchen. Gerade während des Projekt-Aufbaus kann auch ein wenig Klebefilm helfen.

So baut man eine Trockensteinmauer:

Eine Mauer aus Bruchsteinen zu bauen ist nicht so ganz einfach. Allerdings muss eine Trockenmauer, wie sie hier im Buch verwendet wird, auch keinen Dachfirst tragen oder eine Brücke stützen. Was Sie also im Folgenden lesen, sind nur die absoluten Grundlagen. Sie reichen allerdings auch aus für unsere kleinen Trockenmauern.

Bereiten Sie den Untergrund vor. Er sollte eben sein und tragfähig. Darauf legen Sie die erste Reihe Steine – nehmen Sie nach Möglichkeit solche, die in etwa gleich stark sind, dann tun Sie sich mit der nächsten Reihe leichter.

Nun beginnen Sie mit der nächsten Reihe. Leicht versetzt wird wieder eine Reihe Steine auf die erste Reihe aufgelegt. Lassen Sie sich nicht davon stören, dass die Steine wackeln. Von alleine herunterfallen sollte allerdings keiner.

Nun stabilisieren Sie die Mauer mit sogenannten Keilsteinen. Diese kleinen, am besten keilartig geformten Steine kommen überall da zum Einsatz, wo etwas wackelt. Sie werden einfach ein wenig in die Lücken geschlagen. Sie können für unsere Zwecke aber auch verschieden große, flache Flusskiesel nutzen, diese bringen ein fast ebenso gutes Ergebnis.

Keilsteine nutzen Sie am besten nur auf der äußeren, also der sichtbaren Seite der Mauer. So ergibt sich eine ganz leichte Neigung nach hinten (also in unserem Fall zum Bassin hin). Dies ist gewollt, das schwere, mit Wasser gefüllte Becken bietet Stabilität.

Am besten wirkt eine solche Mauer, wenn sie unregelmäßig, aber stabil ist. Setzen Sie nun Steingartengewächse in die Mauerlücken.

Tipp: Bauen Sie erst einmal eine kleine, freistehende Trockenmauer, 3 Reihen hoch, und 5–6 Steine breit. So machen Sie sich mit der Technik vertraut. Es ist eigentlich sehr einfach, aber wie sagt man so schön: Übung macht den Meister.

Eine derart schlicht gebaute Trockenmauer ist wirklich nur für kleine Projekte wie in diesem Buch gedacht. Größere Mauern müssen wesentlich komplizierter gefestigt werden. Testen Sie auf jeden Fall aber auch Ihre kleine Mauer. Müssen Sie zum Beispiel damit rechnen, dass kleine Kinder darauf herumtoben, sollte sie das auch aushalten.

Moorbeetpflanzen

Diese zum Teil seltenen, zarten und oft skurrilen Pflanzen schmücken jedes Gefäß mit saurem, dauerhaft nassem Boden. Wählen Sie als Substrat spezielle Moorbeet- oder Rhododendrenerde. Diese hat bereits den für die Pflanzen wichtigen sauren pH-Wert. Müssen Sie gießen, so nutzen Sie nur möglichst kalkarmes Wasser, im Idealfall Regenwasser. Ein Moorbeet kommt am besten zur Geltung an einem sonnigen bis halbschattigen Standort.

Eine Auswahl an Moorbeetpflanzen

Schlauchpflanzen (Sarracenia-Hybriden) werden bis zu 30 cm hoch. Die heimischen Arten sind winterhart und können bei idealen Bedingungen von April bis Juni sogar blühen. Sie locken mit zartem Nektarduft Insekten in die schmalen Kelche und ernähren sich von ihnen. Das intensive Farbspiel in rot und grün in Kombination mit ihrer ungewöhnlichen Form macht die Schlauchpflanze zum Blickfang.

Auch manche Arten des Sonnentaus (Drosera-Hybriden) sind bei uns heimisch. Sie ziehen sich für den Winter in die Erde zurück, treiben im Frühjahr dann wieder aus. Insekten fängt der Sonnentau mit seinen klebrigen Fangorganen, die an den schmalen Blättern sitzen.

oben: Schlauchpflanze
unten: Preiselbeere

Die Venusfliegenfalle (Dionaea) ist die wohl bekannteste der fleischfressenden Pflanzen. Immer wieder ist es ein faszinierendes Schauspiel, wenn ihre Blätter sich fast ruckartig schließen und Mücken, Fliegen und andere Störenfriede einfangen.

Verschiedene Sorten Heidekraut erfreuen uns mit unterschiedlichem Wuchs und in vielen Farben. Sehr vielfältig sind die Blüten, wundervoll ist beispielsweise die Glockenheide (Erica tetralix), aber auch interessante Herbst-Blattfärbung wie bei der Besenheide (Calluna vulgaris) kann diese Pflanzenfamilie vorweisen. Heidekraut ist im allgemeinen sehr anspruchslos.

Auch die Preiselbeere (Vaccinium vitis-idaea) gehört zu den Heidekrautgewächsen und wächst als kleiner Strauch. Von Mai bis Juni zeigen sich kleine, weiße glockenförmige Blüten, aus denen dann zum Herbst hin die bekannten roten Beeren heranreifen.

Die außergewöhnlichsten Pflanzen für das Moorbeet sind die winterharten Moor-Orchideen. Kaufen Sie jene unbedingt beim Fachhändler ein und beschränken Sie sich auf Nachzuchten. Die ohnehin schrumpfenden Bestände in der Natur sind streng geschützt. Stendelwurz (Epipactis palustris), Moor-Orchideen (Pogonia ophioglossoides) oder Geflecktes Knabenkraut (Dactylorhiza maculata) zaubern knallig bunte Farbkleckse in Ihr Beet und sind besondere Hingucker für jeden Hobbygärtner.

oben: Glockenheide
unten: Besenheide

Wasserpflanzen

Beim Einkauf sollten Sie darauf achten, dass der Wurzelballen gut durchwurzelt ist. Er sollte aber möglichst noch nicht überquellen. Setzen Sie Wasserpflanzen sparsam in Ihrem Projekt ein, sonst wirken kleine Gefäße schnell überfüllt. Bei richtiger Pflanz- bzw. Wassertiefe sind sie recht pflegeleicht. Verwelkte oder abgestorbene Pflanzenteile entfernen Sie möglichst, bevor sie im Wasser absinken.

Buschig wachsend

Das schmalblättrige Wollgras (Eriophorum angustifolium) blüht von April bis Mai. Es wächst eher buschig und recht langsam. Die Samenstände sitzen als weiße Puschel an den Grasspitzen und winken wie Taschentücher zum Abschied. Wassertiefe 0 cm.

Der Eidechsenschwanz (Houttuynia cordata) hat herzförmige Blätter, die der Pflanze auch den Namen Herzblatt eingebracht haben. Die Sorten mit buntem Laub schmücken jedes noch so kleine Gewässer. Wassertiefe 0–5 cm.

Die heimische Dotterblume (Caltha palustris) blüht gelb von April bis Mai. Sie ist ein charmanter Teichbewohner mit gedrungenem Wuchs und wirkt mit ihren runden, knubbeligen Blättern und Blüten ausgesprochen niedlich. Wassertiefe 0–5 cm.

oben: Herzblatt
unten: Fieberklee

Das blaue Vergissmeinnicht (Myosotis palustris) blüht, wer hätte es erraten, blau von Juni bis September. Es ist ein gut wüchsiger Bodendecker und überwuchert auch schnell die Ränder schwarzer Teichfolie. Wassertiefe 0–10 cm.

Fieberklee (Menyanthes trifoliata) blüht weiß bis rosa von Mai bis Juni. Die sternförmigen Blüten erinnern an Bilder aus Kinderbüchern, in denen Elflein über der Wasseroberfläche schweben. Die Blätter wirken wie große Kleeblätter. Wassertiefe 0–20 cm.

Die Trollblume blüht von Juni bis Juli. Über handförmigen Blättern wiegen sich knollige, kugelige gelbe Blütenköpfe im Wind. Wassertiefe 0 cm.

Aufrecht nach oben strebend

Seggen (Carex), Reis- (Zizania) und Schilfarten (Phragmites) fangen den Wind und rauschen wie an der See. Sie sind in der Regel völlig anspruchslos und an Natürlichkeit nicht zu übertreffen. Sie werden je nach Art zwischen 30 und 150 cm hoch.

Zyperngras (Cyperus longus) blüht ab Juli. Es ist mein liebstes Gras, erinnert an ägyptischen Papyrus und neigt sich grazil im Wind. Es wird bis zu 100 cm hoch und ist damit nur etwas für mittlere bis große Wasserwelten. Wassertiefe 20–40 cm.

oben: Zyperngras
unten: Teufelsabbiss

137

Die Waldsimse (Scirpus sylvaticus) blüht im Juni und Juli und ist dem Zyperngras in der Form sehr ähnlich, aber mit einer Höhe von selten mehr als 50 cm eine wunderbare Alternative für kleinere Projekte. Wassertiefe 0–20 cm.

Der Zwergrohrkolben (Typha minima) ist ein zierliches Gewächs, das nur kurze Ausläufer bildet. Die Samenstände sind kleine, kugelige Rohrkolben, die im Spätherbst weiß ausfransen. Er wird nicht höher als 60 cm. Wassertiefe 0–10 cm.

Teufelsabbiss (Sucissa pratensis) blüht blau von Juli bis September. Er wächst unscheinbar und verbleibt mit seinen pelzigen Blättern auf etwa 10 cm Höhe, bis sich die runden Blütenköpfe auf bis zu 60 cm langen, zarten Stängeln über die Pflanze erheben. Teufelsabbiss ist ein uraltes Heilkraut, seine Wurzel hilft bei manchen Verdauungsbeschwerden, die Blätter gelten als blutreinigend. Wassertiefe 0 cm.

Hechtkraut (Pontenderia cordata) blüht blau von Juli bis September. Wählen Sie unbedingt die kleinere Sorte mit einer Wuchshöhe bis zu 60 cm. Die schlanken Blätter wirken kraftvoll und die kolbenartigen Blüten schmücken in selten intensivem Blau. Wassertiefe 20–30 cm.

oben: Pfeilblatt
unten: Blutauge

Das Pfeilblatt (Sagittaria) hat seinen Namen von seiner schönen Blattform. Es blüht weiß im Juli und August mit einfachen oder gefüllten Blüten. Die einfach blühende Sorte vermehrt sich durch Knollen, die essbar sind. Wassertiefe 0–30 cm.

Das Blutauge (Potentilla palustris) blüht rot von Juni bis Juli. Es hat Blätter, die wie eine Hand geformt sind und die im Herbst eine intensive rote Farbe und bizarre Wuchsform annehmen. Es hat keine besonderen Ansprüche. Wassertiefe 0–30 cm.

Schwertlilien und Iris (Iris-Hybriden): Iris werden bis zu 30 cm hoch mit auffälligen blauen und weißen Blüten, die über den langen, schmalen Blättern zu schweben scheinen. Wassertiefe 0–10 cm. Die heimischen Sumpfschwertlilien blühen gelb und benötigen mit 30 cm eine deutlich größere Wassertiefe.

Der Japanische Schachtelhalm (Equisetum japonicum) fällt durch sein urzeitliches Aussehen auf. Er wird bis zu 80 cm hoch, auf seinen blaugrünen, senkrechten Halmen blüht im Juli und August eine eher unscheinbare Blüte. Wassertiefe 0–15 cm.

Die Nadelminze (Preslia cervina) blüht violett im Juli und August, duftet stark und sieht gut aus, wuchert aber nicht. Wassertiefe 0–5 cm.

oben: Seerose „Black princess"
unten: Seerose „Sioux"

Auf der Wasseroberfläche wachsend

Die Wasserähre (Aponogeton) ist ein unermüdlicher Blüher mit starkem Vanille-Duft, die weißen Blüten ragen etwa 5 cm über die Wasseroberfläche hinaus. Sie mag schattige Plätze bei anderen Wasserpflanzen und eine Wassertiefe von 30–40 cm.

Die Teichmummel (Nuphar lutea) ist ein Alleskönner. Je nachdem, wie tief man sie pflanzt, entwickelt sie verschiedene Varianten: Als tief gesetzte Unterwasserpflanze entwickelt sie keine Blüte, dafür Blätter wie ein Unterwasserkopfsalat. Sie produziert sehr viel Sauerstoff. Gepflanzt in mittlerer Wassertiefe ähnelt sie einer Seerose mit auf dem Wasser liegenden Blättern oder ragt hoch aus dem Wasser, wenn sie sehr flach gepflanzt wird. Bei beiden letzteren Varianten blüht sie gelb von Juni bis Oktober. Wassertiefe 10–120 cm.

Die Königinnen des Gartenteichs oder auch jeder anderen Wasserwelt sind die Seerosen (Nymphaea). Sie blühen spektakulär in den unterschiedlichsten Farben. Wählen Sie für kleine Wassergefäße Sorten für Wassertiefen zwischen 20 und 60 cm. Die winterharten Sorten verbringen die kalte Jahreszeit im Gartenteich, tropische Sorten überwintern im Keller. Die Auswahl ist riesig, und Seerosen sind immer wieder ein guter Grund, einkaufen zu fahren.

oben: schmalblättriges Wollgras
unten: Nadelminze

Da ein Buch nie das Werk eines einzelnen ist, aber alle Arbeit entsprechend gewürdigt gehört, gibt es das Impressum. Dort finden Sie allerdings nur die üblichen Verdächtigen … Für all die anderen wurde die

Danksagung

erfunden, die es uns Autoren ermöglicht, jenen Beifall zu zollen, die einen unüblichen, aber dennoch wesentlichen Teil an dem Gemeinschaftswerk hatten. Unser Dank gilt insbesondere:

Hellmuth Schuller, Steinmetz- und Steinbildhauermeister aus Mering, der den „bodenlosen Kübel" erfunden hat und dessen Kreativität und Ideenreichtum sich nicht nur in den Arbeiten wiederspiegelt, die Sie in diesem Buch finden.

Dem Team von Selmayr & Söhne Natursteine in Mammendorf, die sich das Buchprojekt zu eigen gemacht haben und mehrfach viel Zeit mit uns verbrachten, während wir das ganze riesige Areal auf der Suche dem einen ganz besonderen Stein durchforstet haben.

Peter Mair vom Aquaristikshop Mair in Schrobenhausen, der eine kundige Antwort parat hatte auf jede, und wirklich jede Frage zum Thema Teichtechnik.

Angelika Glass von Glass Wasserpflanzen in Neusäß, die immer die schönsten Pflanzen für dieses Projekt herausgesucht hat, auch wenn sie dafür in einen ihrer vielen Teiche klettern musste, um den besten Seerosentrieb frisch zu schneiden.

Ihnen allen und auch denen, die hier wegen dem unzureichenden Platz ungerechter Weise einfach nicht genannt werden können, gilt unser aufrichtiger Dank.

Impressum

ISBN 978-3-572-08067-0

© 2013 by Bassermann Inspiration, einem Unternehmen der Verlagsgruppe Random House GmbH, 81673 München

Idee, Konzeption und Text: Sascha Storz
Umschlaggestaltung: Atelier Versen, Bad Aibling
Fotos und Satz: Sonja Storz
Projektleitung und Redaktion: Herta Winkler

Druck: Litotipografia Alcione S.R.L, Trento

Printed in Italy

Das für dieses Buch verwendete FSC®-zertifizierte Papier *Allegro halbmatt* liefert Sappi, Gratkorn, Österreich.

817 2635 4453 6271